◆ 青少年做人慧语丛书 ◆

保持内敛，学会矜持

◎战晓书　选编

吉林人民出版社

图书在版编目（CIP）数据

保持内敛,学会矜持 / 战晓书编 . –– 长春 : 吉林
人民出版社, 2012.7

（青少年做人慧语丛书）

ISBN 978-7-206-09127-8

Ⅰ . ①保… Ⅱ . ①战… Ⅲ . ①品德教育 – 中国 – 青年
读物②品德教育 – 中国 – 少年读物 Ⅳ . ①D432.62

中国版本图书馆 CIP 数据核字(2012)第 150855 号

保持内敛，学会矜持

BAOCHI NEILIAN，XUEHUI JINCHI

编　　著 : 战晓书

责任编辑 : 李　爽　　　　　　　封面设计 : 七　洱

吉林人民出版社出版 发行 (长春市人民大街7548号　邮政编码:130022)

印　　刷 : 北京市一鑫印务有限公司

开　　本 : 670mm×950mm　　1/16

印　　张 : 12　　　　　　　字　　数 : 150千字

标准书号 : ISBN 978-7-206-09127-8

版　　次 : 2012年7月第1版　　　印　　次 : 2021年8月第2次印刷

定　　价 : 45.00元

目 录
CONTENTS

谦让如歌

　　已故著名作家沈从文，一生中创作了500多万字的作品，在国内外享有很高的声誉。美国汉学家张充和在他墓碑的背面，挥笔题写了这样一段碑文："不折不从，星斗其文；亦慈亦让，赤子其人。"把挽词每句最后一个字连起来读，就是——"从文让人"。

　　人，在社会中生活，个人的兴趣、爱好、理想、追求不同，难免磕磕碰碰，不可能尽善尽美。这就要求双方为人处事，宽以谦让，尊重别人的长处，谅解别人的短处，容忍别人的一时过错。"宰相肚里能撑船"，指的便是心灵空间的宽大。假如对人心胸狭小、处事尖酸刻薄，"见贤不让不可与大位"（《管子》），容不得半点吃亏，为一事的得失，一时的纷争，就闹个不休，水火不容；甚或看不得别人比自己强，明明在业务、能力上不如别人，还要别人服从你，错了不认错，甚至不惜散布流言蜚语，陷害别人，这就会做人不起，处世不恭，被人唾骂。

　　记得早在20岁那年，我考上了北方的一所大学，入学前的那天晚上，父亲把我叫到跟前，在昏黄的油灯下对我说："以后出门在外了，遇事一定要谦让，凡事要多替别人想，不要和人斤斤计较。"我点点头。

在大学4年里，我常常想起父亲的话，用一颗真诚善良的心去对待身边的人和事，渐渐我感受到了从未有过的温暖和充实。我知道，这是因为，父亲在我的心田播种下了一颗名叫谦让的种子。

由此可见，一个谦让、宽容的人际关系，得由我们自己去建立，一个祥和文明的环境，得由我们自己去营造。别人离不开你的谦让，你也离不开别人的宽容；你的谦让滋润着别人，感化着别人，定会收到"润物细无声"的效果，它接纳的不仅仅是眼前短暂的雨露，也包含着今后日子里的春风、阳光。

要学会谦让。首先，要有大局观念、整体意识，不能站在局部、个人的利益上看问题；要有对人宽、对己严的风尚；要有不怕受委屈的精神，能够忍辱负重。其次，谦让要讲原则，如对敌人谦让，就是投降；对邪恶谦让，就是堕落；对愚昧谦让，就是人性的退化。

谦让如歌。它是帆，能载你在惊涛骇浪中奋勇搏击；它是海，能包容你所有的烦恼与忧伤；它是桥，能沟通你与他人心灵的交流；它是花，能在晦暗多雨的时节送你个青山白云。当你看见一个怨气难平的战友奉献一首真诚的心曲，当你看见一个痛苦彷徨的伙伴而伸出一双温暖的双手，当你受到挫折伤害而能心平气和、自我调节时，你的谦让就显示出了拯救别人与拯救自己的价值。

学会谦让吧，朋友，它会给你带来一个五彩缤纷的世界，它会让你拥有一个丰富多彩的人生！

（叶启橡）

收敛是一种美德

　　我有一个中学时代的同学，他在读医大时就曾发表过很有见解的医学论文，毕业以后幸运地来到一家大医院工作，由于聪明好学，不几年就成为主治医生。这一切本应成为他不断进取的动力，可他却将此视为骄傲的资本，到处吹嘘炫耀，视为向领导要官职、要荣誉、要奖金的理由。结果是领导听着心烦，同事听着生厌，人际关系日趋紧张。就这样他很快被那些默默奋斗的年轻医生超越了过去。后来这家医院在临床医学上的研究，曾获得了几项全国性的大奖，但没一项有他的。他就这样从昔日的佼佼者，成了如今的"昨日黄花"。

　　唐宪宗年间，田融任相州刺史，其弟田兴由于自幼丧父，一直由他担当抚养教育的职责。田兴聪明好学，尤其精于骑射，所以深得哥哥田融的喜欢。有一次田兴与军中将士比赛射箭，将士竟然都败在他的手下。田兴好不高兴，矜持傲慢之心便油然而生。后来田兴在哥哥面前炫耀自己，并把田融的手下人都视为酒囊饭袋。田融听后二话没说，让家人把田兴绑了，按在地上用鞭子猛抽其背，一边教训道："你学会了一点骑射就自认为了不起，如此下去能有什么大出息。"这一顿好打使田兴幡然悔悟，从此他收敛锋芒，恭敬谨慎地善待身边的每一个人。后来魏博的田季安乘主帅病逝之机作乱，图谋割据自立，因而失去人心。众推德高望重的田兴为主帅，平了叛乱。朝廷嘉许，任命田兴为魏博节度使。

也许我的那位同学缺的正是这样一顿"鞭子"，不如此不能使他卸去心头的荣耀重负。不过归根结底，他欠缺的是如何做人处世方面的学识修养。

宋仁宗时，王旦任宰相。他虽不是像魏征、吕蒙正那样的名相，但其在人品上也堪称楷模。寇准本是王旦一手提拔起来的，但寇准出于嫉妒之心，总是在仁宗面前说王旦的坏话。而每当仁宗问王旦谁最称职时，王旦却总是称赞寇准。宋仁宗感到不解，说："为什么寇准反而总是挑你的毛病呢？"王旦说："臣在相位久了，政事一定有许多不足之处。寇准将其所见反映给陛下，正见其忠直。也正是如此，臣才看重他。"仁宗听后，更加佩服他的为人。

有一次，王旦写的诏书违反了规矩。寇准见到后立即送到仁宗那里，致使王旦和相关的许多人受到不同程度的惩罚。巧的是没过几天，寇准起草的诏书也违反了规矩。王旦的手下人以为有了报仇之机，就把诏书拿给王旦。王旦看后却把诏书送回到寇准那里，让其重写。寇准非常惭愧，见了王旦说："你有如此大的度量，真让我自愧不如呀。"王旦为相，从未露过锋芒，百官却对其敬佩有加，这不正是善于收敛自己的结果吗？

我们应该记住：花朵固然张扬着向上，却只是外在的美丽；果实虽然沉默着向下，但却是内在的充实。我们应该记住：周围的人有可能成为我们的朋友，也有可能成为我们的"敌人"。因为平和，我们会有越来越多的朋友；因为不可一世，我们会凭空制造出许多"敌人"。我们应该记住：每一个结束，就是一个开始；我们具有的才能，都是为下一个成功所做的准备。这样想这样做，我们的人生才不会像气球一样，在自我膨胀中毁灭，才能有所造就。

（王飙）

且慢夸"星"

爱因斯坦的自传中，有句话十分醒目："我唯一的愿望是，不要被人活埋。"

这是什么意思？

难道有人胆敢活埋爱因斯坦？显然不是。

难道医生把"活人"误诊为"死人"，导致了"活埋"的悲剧？显然也不是。

那么，这"活埋"指的是什么？

曾有人认为，这"活埋"指的是铺天盖地而来的华美桂冠，是连篇累牍的赞誉之词，而这"桂冠"这"赞誉"，是足以把一个人活埋的。

赞美能把人活埋了——此说的确有理。

不是吗？报上常可以看到这种廉价的赞颂：某人才唱了一首歌，便被吹捧为"新星"；某人才发表了一首诗，便被奉为"奇才"；某人才画了一幅画，便被誉为"大家"；某孩子只比别人多认了两个字，便被吹嘘为"神童"——不过，这些人究竟能不能成为真正的

"星"或"家"等，可就全要靠他自己的免疫能力了。

"免疫"一词，并非危言耸听，因为赞美听来的确让人美滋滋、甜蜜蜜，的确能让人乐悠悠、轻飘飘，于是美哉乐哉快哉之后，比赞美更重要的"奋斗""拼搏"，常常会被人忘在九霄云外，也正因为如此，才格外强调"免疫"。

记得鲁迅当年说过，对年轻人不可"骂杀"，更不可"捧杀"。我想，"骂"，因其横眉怒目容易觉察，故而不必大担忧；"捧"，则以甜言夺志，美意销魂，格外难察，故而格外当心才对。

既然如此，对于小有成就的人，奖励之后更须鞭策，切不可"捧杀"活埋。

爱因斯坦是真正的"巨星大家"，尚且对"活埋"做"壁垒森严"状，何况芸芸众生中的"未必斯坦"们？

既然如此，不妨说一句：且慢夸"星"！

（张玉庭）

哪一张脸是真实的

去看变脸大师表演，他的演技精妙绝伦。首先展示一张美女的脸：眉黛如山，眼波似水，倾城倾国。然而转瞬之间，青面獠牙，变成一副狰狞恐怖的魔鬼面孔。最后，丢下面具，现出魔术师绝无粉饰的脸。

这张脸就是真实的吗？

一定有慈眉善目似菩萨的时候，有勃然大怒似关公的时候，也一定有愁肠百结似苦水的时候。哪一张脸是起初的呢？

一位朋友曾给我讲个故事：丈夫对妻子百般恩爱，可谓照顾得无微不至。有一天夜半突然楼下起火，睡梦蒙胧中丈夫撒腿就跑，回头听见屋内妻声嘶力竭的救命声，才猛然想起妻的存在。

那一刹那间的面孔绝非妻所预料得到的，也绝非丈夫自己意念中的，但有一点可以肯定，那一刹那间的面目好比突然抖出的利刃，斩断了所有的情丝。应该感激这次失火，妻子探到丈夫心灵深处对妻爱的程度。

那一刹那丈夫最真实：心里只有自己，没有妻子。

　　如此，真心时的面孔最真实，无论是喜是怒是哀；将真心掩盖的面孔最虚伪，无论是甜言是蜜语是否穿越岁月的长河。

　　辨认一张真面孔多么不易，如此，面对一张真面孔该万分珍惜啊！

（栖云）

正　直

　　每当看到大海航船上那根高高直立的桅杆，我的心头便会涌起深深的敬意——在我看来，白帆的纯净固然值得赞颂，但，更令人崇敬的却是桅杆的正直。

　　你看，风狂雨骤，它巍然屹立，浪恶涛涌，它坚韧刚毅；即使被拦腰砍断，它也不会有一丝一毫的弯曲。

　　这就是桅杆的品性：一生只信奉正直。

　　人，该像一根高高直立的桅杆，昂首于天地之间，一身坦荡，一身正气；一身清白，一身亮丽！

　　不因别人的富有而卑躬屈膝；不向显赫的权势俯首献媚；即使周围一片泥泞或污浊，你也高高挺立光洁的身躯。

　　人，该像一根高高直立的桅杆；昂首于天地之间，一身无畏，一身胆略，一身正直，一身刚毅！

　　面对险风恶浪，依然凛然不惧；面对光怪陆离的诱惑，依然心不动、情不移；即使行将没顶之际，依然不卑不屈，给世界留一个挺拔的雄姿！

这才是真正的人生！

不与庸碌无聊同流合污、亦步亦趋。

不为蝇头小利忙忙碌碌、纠缠不息。

不为虚幻的名声出卖正直的操守和品节。

哦，假如人人都是一根正直无私、坦荡光明的桅杆，那么，我们的社会该是何等月白风清、光洁亮丽！

（丁凯隆）

做人切莫大算计

有人说人生是一道高深莫测的算术题，需要好好算计一下。于是，有人一遇事，心中就打起了小九九，算计自己的利害得失，生怕吃亏，为了一己之私，不惜损人，甚至伤天害理。然而，世间的事往往是由多种因素决定的，社会又是不断变化发展的，所以，那些事事过分算计的人往往是算来算去，结果倒把自己给算进去了。

王某和张某都是某大学汉语言文学系的中年教师，十年前，他们都是从该大学毕业而留校任教的。然而两人的人生态度不相同，王某认认真真教学，踏踏实实研究学问，而张某却善于钻营投机，在教学和学术研究上搞"假打"，他的高智商却用在算计上，既盘算自己的得失，又处处暗算别人。几年后，王某渐渐在学术研究上崭露头角，引起了学术界及学校领导的重视，张某沉不住气了。因此，他到处散布"王某搞学术研究还可以，但教学效果差，学生反映他讲课乱七八糟，越听越糊涂"之类的言论。由于张某交际广又善于辞令，一时竟让领导和同事们信以为真。又几年过去了，王某在学术界已经有了一定的名望，而且教学效果良好，已是众所周知。学校领导准备提拔他当系主任，而张某获知此事，又到几位领导那儿去反映说："王某是个书呆子，搞点儿业务工作还可以，但没有管理能力，脱离群众，又缺乏领导魄力，加上又不是党员，缺乏党性，不能当系主任。"张某竟然说动了个别领导，在讨论决定系领导班子的行政会议上，形成了两种不同的意见，争论不休，致使王某任职一事暂时搁浅。但是后来国内几所名牌大学闻讯，竞相邀请王某去工作，引起了学校领导的重视，再度讨论王某的任职问题，最终决定王某任汉语言文学系主任。而张某自己，由于不愿意付出艰辛的劳动从事教学工作和学术研究，工作敷衍塞责，他靠投机钻营，贬低别人，抬高自己往上爬，十年过去了，事业上毫无建树，渐渐被同事们瞧不起。到评副教授时，他考外语靠舞弊蒙混过关，进行学术论文鉴定时，他拿不出像样儿的文章，就故伎重演，七拼八凑抄袭了一篇，送去鉴定。不料，他的所谓"学术论文"的主要部分正巧抄袭了负责鉴定论文的一位老专家的一篇学术论文。这真是则典型的"黑色幽默"，这位老专家苦笑着说："论文回娘家了。"大家一致认为张某不具备当副教授的人品和文品，给予否决。此事一时间在该大学传为笑柄。

又如，有些青年人挑选对象，太精于算计，不珍视感情，结果很容易酿成人生的悲剧。笔者家乡曾发生过这样一件事。青年小章毕业于某专科学校，小伙子人挺帅气，但出身于贫困山区的农家，他想在城里找一份称心如意的工作，但学历不高，此事自是希望渺茫，他挖空心思想了很长一段时间，最后决定走"岳父路线"。恰好有熟人给他介绍对象，该女士的父亲是政府机关的干部，既有权又有钱，他满心高兴。但一见人，他却大失所望。本想拒绝，但心里又盘算开了：我正愁找不到理想的差事，这正是送上门的买卖，先假装答应下来，利用女家的关系把工作落实了，然后再吹掉这门亲事。可女方要小章与之办理结婚手续后，才给他联系工作。小章几番权衡最后竟然同意了这桩根本没有爱情的婚姻。结婚后小章如愿以偿，女方的父亲利用关系把小章安排到了税务部门工作，不久还担任了科长职务。小章工作称心如意了，可是无爱的婚姻生活却让他万分痛苦。他决定执行"下一步计划"——找个意中人，同妻子离婚。后来，小章和单位的一位女同事暗地好上了。他的妻子听到了风声，到单位去找到这位"第三者"，一边扭打，一边谩骂、羞辱她。小章回到家里找妻子问罪，并且提出离婚，妻子破口大骂他是忘恩负义的"陈世美"，夫妻越吵越凶，妻子气不过，抄起一把斧头，朝小章打去，小章挡住了，顺手夺过斧头，妻子又猛扑过来，在扭打中，斧头正好砍在妻子颈部的致命处，顿时血流如注，不一会儿就死了。小章见出了人命，傻了眼，他明白这意味着他成了杀人犯，难逃法律的严厉制裁，于是心一横，从五楼跳下，坠楼自杀了。这正应了《红楼梦》中给王熙凤的那句判词："机关算尽太聪明，反误了卿卿性命。"

　　从上面几则生活实例中可以得出这样一个结论：做人不能太精

于算计，人生本来就是有得有失，人们决不要奢望自己的命特别好，在人生旅途中左右逢源，什么时候都可称心如意。只要人们冷静地观察世间事，便会明白，这是不可能的。生活从某种意义上讲，就是失去与收获并存的过程。该自己得到的应努力去争取，注定要失去的也应该坦然接受现实，切不可事事斤斤计较，算尽算绝，这样往往会走向事物的反面。同时，世界上的事物是十分复杂的，而个人的智力又是有限的，以个人有限的智力去算计无限复杂的客观世事，怎能万事皆如"人意"呢？"失荆州""失街亭"的事会经常发生的。还有，那种站在个人主义立场上的算计方法，不考虑他人的利益，不顾全大局，只看眼前细账，不算长远大账，结果在人生这一道严肃的算术题面前，只会越算越糊涂，永远只会在牛犄角中钻来钻去。

所以，做人，最好是拥有一颗平常心，凡事顺乎自然，该是你的东西跑不了，不该是你的东西别强求，不要过于算计，吃亏是福，精明有失。少一点算计，就多一份洒脱；少一点欲望，就多一份宁静；少一点索取，就多一份淡泊，要坚决让以损人开始以害己告终的"算计"从生活中走开，对生活不能苛求过多，让心灵自由放飞，活出一个原汁原味的本色自我，这才能在人生这一道深奥的算术题中找到正确的答案。

（黄中建）

赢得好人缘的八大诀窍

好人缘是一个人的巨大财富。有了它，事业上会顺利，生活上会如意。但它不会从天上掉下来，而是需要你的辛勤努力。

一、尊重别人

俗话说："种瓜得瓜，种豆得豆，"把这条朴素哲理运用到社会交往中，可以说，你处处尊重别人，得到的回报就是别人处处尊重你，尊重别人其实就是尊重你自己。

有这样一个有趣的故事：一个小孩不懂得见到大人要主动问好、对同伴要友好团结，也就是缺少礼貌意识。聪明的妈妈为了纠正他这个缺点，把他领到一个山谷中，对着周围的群山喊："你好，你好。"山谷回应："你好，你好。"妈妈又领着小孩喊："我爱你，我爱你。"不用说，山谷也喊道："我爱你，我爱你。"小孩惊奇地问妈妈这是为什么，妈妈告诉他："朝天空吐唾沫的人，唾沫也会落在他的脸上；尊敬别人的人，别人也会尊敬他。因此，不管是时常见面，还是远隔千里，都要处处尊敬别人。"

二、乐于助人

人是需要关怀和帮助的，尤其要十分珍惜在自己困境中得到的关怀和帮助，并把它看成是"雪中送炭"，视帮助者为真正的朋友、最好的朋友。

马克思在创立政治经济学时，正是他在经济上最贫困的时候，恩格斯经常慷慨解囊帮助他摆脱经济上的困境。对此，马克思十分感激。当《资本论》出版后，马克思写了一封信表示他的衷心谢意："这件事之所以成为可能，我只有归功于你！没有你对我的牺牲精神，我绝对不能完成那三卷的巨著。"两人友好相处，患难与共长达40年之久。列宁曾盛赞这两位革命导师的友谊"超过了一切古老的传说中最动人的友谊故事"。

帮助别人不一定是物质上的帮助，简单的举手之劳或关怀的话语，就能让别人产生久久的激动。如果你能做到帮助曾经伤害过自己的人，不但能显示出你的博大胸怀，而且还有助于"化敌为友"，为自己营造一个更为宽松的人际环境。

三、心存感激

生活中，人与人的关系最是微妙不过，对于别人的好意或帮助，如果你感受不到，或者冷漠处之，因此生出种种怨恨来则是可能的。

经常想一想吧：你在工作中觉得轻松了，说不定有人在为你负重；你在享受生活赐予的甜蜜时，说不定有人在为你付出辛劳……生活在社会大群体里的你我，总会有人为你担心，替你着想。享受着感情雨露的人们不要做"马大哈"，常存一份感激之心，就会使人际关系更加和谐。情感的纽带因为有了感激，才会更加坚韧；友谊之树必须靠感激来滋养，才会枝繁叶茂。

王老师在自己就职的学校里很有人缘，威信颇高，有人问他原因时，王老师讲："古人说，'滴水之恩当以涌泉相报'，我虽做不到这一点，但我始终坚持'投之以桃，报之以李'，时时处处想着别人，感激别人。"王老师道出了为人的真谛。因为有了感激，你才会成为一个好同事、好朋友、好家长。

四、同频共振

俗语说："两人一般心，有钱堪买金；一人一般心，无钱堪买针。"声学中也有此规律，叫"同频共振"，就是指一处声波在遇到另一处频率相同的声波时，会发出更强的声波振荡，而遇到频率不同的声波则不然。人与人之间，如果能主动寻找共鸣点，使自己的"固有频率"与别人的"固有频率"相一致，就能够使人们之间增进友谊，结成朋友，发生"同频共振"。

共鸣点有哪些呢？比如说：别人的正确观点和行动、有益身心健康的兴趣爱好等，都可以成为你取得友谊的共鸣点、支撑点，为此，你应响应，你应沟通，以便取得协调一致。当别人飞黄腾达、一帆风顺时，你应为其欢呼，为其喜悦；当别人遇到困难、不幸时，你应把别人的困难、不幸当作你自己的困难和不幸……这些就是"同频共振"的应有之义。

在某学校里，秦红和苏仪是一对要好的朋友。她们经常穿相近的服装，经常一起去散步，经常一块去打球……可以说俩人形影不离，同吃同住，保持默契，相互支持；夸张地说，俩人是同甘共苦，"同频共振"。这些，不仅是两人为一对要好朋友的表象，而且也是两人成为要好朋友的原因。

五、真诚赞美

林肯说过："每个人都喜欢赞美。"赞美之所以得其殊遇，一在于其"美"字，表明被赞美者有卓然不凡的地方；二在于其"赞"字，表明赞美者友好、热情的待人态度。人类行为学家约翰·杜威也说："人类本质里最深远的驱策力就是希望具有重要性，希望被赞美。"因此，对于他人的成绩与进步，要肯定，要赞扬，要鼓励。当别人有值得褒奖之处，你应毫不吝啬地给予诚挚的赞许，以使得人们的交往变得和谐而温馨。

历史上，戴维和法拉第的合作是一个典范。虽然有一段时间，法拉第的突出成就引起戴维的嫉妒，但其二人的友谊仍被世人所称道。这份情缘的取得少不了法拉第对戴维的真诚赞美这个原因。法拉第未和戴维相识前，就给戴维写信："戴维先生，您的讲演真好，我简直听得入迷了，我热爱化学，我想拜您为师……"收到信后，戴维便约见了法拉第。后来，法拉第成了近代电磁学的奠基人，名满欧洲，他也总忘不了戴维，说："是他把我领进科学殿堂大门的！"可以说，赞美是友谊的源泉，是一种理想的黏合剂，它不但会把老相识、老朋友团结得更加紧密，而且可以把互不相识的人连在一起。

六、诙谐幽默

人人都喜欢和机智风趣、谈吐幽默的人交往，而不愿同动辄与人争吵，或者郁郁寡欢、言语乏味的人来往。幽默，可以说是一块磁铁，以此吸引着大家；也可以说是一种润滑剂，使烦恼变为欢畅，使痛苦变成愉快，将尴尬转为融洽。

美国作家马克·吐温机智幽默。有一次他去某小城，临行前别人告诉他，那里的蚊子特别厉害。到了那个小城，正当他在旅店登记房间时，一只蚊子正好在马克·吐温眼前盘旋，这使得职员不胜尴尬。马克·吐温却满不在乎地对职员说："贵地蚊子比传说不知聪明多少倍，它竟会预先看好我的房间号码，以便夜晚光顾、饱餐一顿。"大家听了不禁哈哈大笑。结果，这一夜马克·吐温睡得十分香甜。原来，旅馆全体职员一齐出动，驱赶蚊子，不让这位博得众人喜爱的作家被"聪明的蚊子"叮咬。幽默，不仅使马克·吐温拥有一群诚挚的朋友，而且也因此得到陌生人的"特别关照"。

七、大度宽容

人与人的频繁接触，难免会出现磕磕碰碰的现象。在这种情况下，学会大度和宽容，就会使你赢得一个绿色的人际环境。要知道，"人非圣贤，孰能无过"。因此，不要对别人的过错耿耿于怀、念念不忘。生活的路，因为有了大度和宽容，才会越走越宽，而思想狭隘，则会把自己逼进死胡同。

《三国演义》中，周瑜是个才华横溢、度量狭窄的英雄人物，而据史书记载，周瑜并不是小肚鸡肠，而是因为自己的大度宽容拥有一份好人缘。比如说，东吴老将程普原先与周瑜不和，关系很不好。周瑜不因程普对自己不友好，就以其人之道还治其人之身，而是不抱成见、宽容待之。日子长了，程普了解了周瑜的为人，深受感动，体会到和周瑜交往，"若饮醇醪自醉"——就像喝了甘醇美酒自醉一般。

八、诚恳道歉

有时候，一不小心，可能会碰碎别人心爱的花瓶；自己欠考虑，可能会误解别人的好意；自己一句无意的话，可能会大大伤害别人的心……如果你不小心得罪了别人，就应真诚地道歉。这样不仅可以弥补过失、化解矛盾，而且还能促进双方心理上的沟通，缓解彼此的关系。切不可把道歉当成耻辱，那样将有可能使你失去一位朋友。

当然，一个人要想保持良好的人际关系，最好尽量减少自己的过失。曾子讲：吾日三省吾身。一个人应不断检讨自己的过失、提高个人的修养才是。

（高兴宇）

做人不要太张扬

　　张扬，是一种处处显示自己优越、有本领的行为，是一种强烈的表现欲的极端化、超限度化。例如有几个钱，他便争豪斗富；有一点权，他就不可一世；哪怕是有了微不足道的一点小成就，他便在别人面前以之为骄傲的资本喋喋不休，唯恐别人不知道；甚至说了一句自己认为十分得意的话，他便翻来覆去地重复，总怕别人不知道自己的聪明。诸如此类的行为，都给人一种张扬的感觉。

　　张扬实际是一种心理不健全的表现。

　　张扬来自一种心理幻觉。凡是比较喜欢张扬的人，大都自我感觉良好，哪怕自己十分委琐，也能自认为了不起。一有这样的感觉，人便会自大起来。有一则寓言说：小青蛙告诉它的妈妈，它发现了一种叫作大象的东西，大得无法想象。青蛙妈妈不相信能有那么大的东西让它的孩子这么惊奇，便鼓足了气，问小青蛙说："有我这么大吗？"小青蛙说："比你大多了！"青蛙妈妈还想再鼓气，小青蛙说："妈妈你别再鼓了，就是把肚子鼓破，也没有大象大！"青蛙妈妈为什么会不自量力地想说明自己能比过大象呢？原因就是它从来都坚信自己是最大的。这种心理正是张扬的人的一般心理特征。张扬的人，只要自己有一点成就，有一点他自认为的过人之处，便会产生一种幻觉，他们便自高自大起来，表现在行动上便是张扬。

张扬是一种不自信。从表面上看，张扬者好像不可一世，处处在显示自己的优越。也许他们也真的认为自己了不起，但如果能真正深入到他们的内心世界，我们便会发现他们的内心是空虚的。有一个业务十分差劲的人，他一说起自己的业务，便自吹自擂，说他懂几门外语，他在业务上是怎样出类拔萃，他曾干过多么重要的事情，曾让多少人羡慕。然而，每次有业务活动，只要一提到让他做一下示范，他不是说自己不舒服，便是说自己有事情，反正是不上场。一些人的张扬往往是由于不自信造成的。那些做出一点成绩的张扬者，何以要张扬呢？原因就是他唯恐别人没发现，埋没了自己的成绩。

而那些真正自信的人，就是有了巨大的成就，也总会觉得自己的成绩微不足道、不值一提。爱因斯坦对人类的贡献，世界上有几个人敢说自己超过了他或能超过他？但爱因斯坦却时时觉得自己享受他人的劳动成果太多，经常因之内心惶悚不安。因而，他虽然取得了改变人类对世界看法的巨大成就，仍然不以之作为骄傲的资本，从不把自己的成就看得有多么了不起，从来没有因自己的成就而张扬。因为他自信，他只要工作着，这就足够了。他不像那些浅薄的人，把自己谈不上有什么了不起的东西作为他们向人们炫耀的资本，用来弥补那种不自信。

过度的张扬，带来的往往是不良的后果。

过度的张扬会使其失去威信。凡是爱张扬的人，从心理上说，他们是不自信，且把一些不足挂齿的东西幻觉化，因而他们在行动上常常以显示自己的优势、表现自己的能耐作为行为准则。他们认为这样可以提高自己在人们心中的威信，殊不知适得其反。人们实际上是最讨厌那些张扬的人的。有一名教师，业务上可谓出类拔萃，但他时时、处处都在张扬自己的长处，唯恐人们不知道他。由于他处处张扬，许多同事便对其十分反感。为什么会这样呢？人们的接受心理往往有一种奇特的现象：如果一个人有能耐，他自己多些谦虚，少些张扬，人们会对他报以尊敬；如果他自我感觉太好，自我炫耀多于实事求是，人们便会对他报以不屑。民谚中说的"人家不夸自己夸，苜蓿地里刺荆花"就反映了人们对专事张扬的人的极大反感，而那些专事张扬的人的确不过是苜蓿地的里刺荆花而已。刺荆花本没有什么可以值得张扬的，张扬之后，除了让别人看不起，还能得到什么呢？

过度的张扬会带来不期之祸。做人要谨慎，这是为人之至理。就是你真的学有所长，有过人之处，有让人高山仰止的德行，有让人羡慕的权力，有巨大的财富，也不应该张扬。如果你因自己在某方面优越便不知天高地厚，处处显示自己，时时表现自己，便很容易给自己带来不期之祸。不是有"树大招风""才高人妒"的古语吗？在朱元璋做皇帝的时候，一个有钱人，在国家缺钱的情况下，他为了显示自己的财力，便傲慢地说他可以出资完成国家一项重点工程；在军费吃紧的时候，他不可一世地说他可以解决军饷的不足。但朱元璋是一个由平民而一跃成为皇帝的人，他有极强的仇富心理，他不能容忍有人在他当了皇帝之后，以自己的财力来显示对他的轻蔑。朱元璋先是下命令要杀掉他，他最后总算幸运，皇后说了情，他虽然免于一死，但被发配到边疆充军。

由上可见，人不能太张扬，张扬实际是一种张狂。俗语中有"人狂没好事，狗狂挨砖头"之说。说得文雅一些，人如果太张扬便会给自己带来麻烦；说得难听一些，如果不想做挨砖头的狗，就绝不能做太张扬的人。

（田永明）

何不心平些？

　　当今之世，好比者不乏其人：或比年纪长幼，成就大小；或比地位显隐，身份贵贱；或比工龄长短，俸禄厚薄；或比升擢快慢，官运畅阻；或比工作轻重，酬劳低高；或比妻子贤愚，家境好孬；或比儿女聪笨，出息大小……有些"比"值得称道，应该提倡；有些"比"格调一般，不敢苟同；有些"比"见地低俗，不上大雅；有些"比"贻害不小，理应摒弃。其实，大千世界，姿态万方；泱泱神州，复杂纷繁；万事万物，芸芸众生，岂是"比"得的？尽管有人感叹"人比人，气死人"，事实上，你"气死"就"气死"呗，地球照常日行八万里，庐山依旧昂首傲苍穹，官人不会因"气死"而降职一级，薪水不会因"气死"而减少一分。当然，冷静地思考一下，有的要"比"，也应该"比"；有些不能"比"，也没法"比"。"世界上没有两片完全相同的树叶"，更何况是禀赋不同、性格迥异、才干有别的活生生的人呢？要"比"就"比"能力、水平，"比"付出、奉献，"比"形象、精神，从而"比"出热情，"比"出信心，"比"出干劲来！

话得说回来，同学、同师、同位、同宗因各方面因素铸成太悬殊的比比皆是，有时着实"比"了之后，在思想感情上出现了某一方面的偏重、倾斜造成心理上的不平衡，这是难以避免的。可我们何不心平些？常言道："人平不语，水平不流。""平"可气和，"平"可神清，"平"而后能"安"，"平"而后能"静"，"平"而后能正确认识别人和自己，完成心理调节。即使在日常生活中发生或遇到许多主客观变化导致心理上出现不同反应而表露出喜、怒、忧、思、悲、恐、惊等情感的失衡时，也要镇定自若，豁达大度，把稳心理的小舟，驶进宁谧的港湾。始终以"平"待之，以"平"处之——或理智地让步，不去理会，让"失衡"自觉不自觉地从身边溜失；或通过勤奋工作等摆脱思想包袱，把"失衡"忘却；或有意识地转移自己的注意力，淡化和疏远"失衡"，从而使自己达到心理安静、身体安康；或把"失衡"升华为从事科学、文化、艺术、体育等活动的动力，转化为具有创造价值和社会价值的源泉，以注入生机勃发、健康向上的人生之躯！到那时，你就会遇事坦然，心宁神怡，一切不平衡就会远去，伴随你的当是骀荡春风、盎然春意！

（徐仲全）

忍耐是一种策略

为人处世，常常需要忍耐。忍耐不一定能带来好处，但至少能避免害处。人做事总归是讲效果的，在做事的时候，碰到一些意外的麻烦，甚至是有意的攻击，可以说是正常的。有时去追究这些非难，往往无济于事，而暂时忍耐，问题可能会迎刃而解。

念书时不大懂得忍耐，却对有位老师讲的林肯的故事印象很深刻。林肯早年因出言尖刻而几至与人决斗。随着年岁渐增，他亦日趋成熟，在非原则问题上总是避免和人发生冲突，他曾说："宁可给一条狗让路，也比和它争吵而被它咬一口好。被它咬了一口，即使把狗杀掉，也无济于事。"确实需要另外一种策略：有效地忍让，随它在路上狂吠，你走路可能更快些。生活就是这样，该忍耐的时候就得忍耐。

林肯身材瘦高腿长，比例不太协调，一位同事讥笑他："一个人的两条腿应该多长？"林肯回答："至少应该碰得到地面。"林肯的回避显示出他克制、忍耐的胸襟，至今仍为人们引为美谈。

做人就要培养一种大度，懂得忍耐有利于成就事业，意气用事会错失良机。楚霸王项羽是英雄，但他没有成就事业，因为他不懂得忍耐。宋代苏轼如是说："刘邦之所以胜，项羽之所以败，在忍耐与不能忍耐之间。项羽不能忍耐，是以百战百胜而轻其锋；高祖忍之，是以养其全锋而待其弊。"说实在的，刘邦只能算无赖。主张忍耐，并不主张学刘邦无赖。做人是要讲骨气的，主张忍耐是在坚持大原则的前提下，对无关紧要的事情忍耐，对事关发展的障碍暂时忍耐，以争取时机，趋利避害。

要讲懂得忍耐，得提一个人，那就是刘邦手下的韩信。韩信小时候家里很穷，没有事做，喜欢在城下钓鱼。肉铺里有个年轻人侮辱他说："你虽然长得又高又大，还佩带长剑，其实你内心怯弱。"韩信无语，那人得寸进尺，当众侮辱韩信说："你敢杀人吗？你若敢杀人，那你就先杀我；要是不敢的话，就从我裤裆下钻过去。"这自然是奇耻大辱，可韩信硬是从他裤裆下爬过去，全街的人都讥笑韩信怯弱。但是韩信深知"包羞忍耻是男儿"。

假如他不能忍耐，一时冲动刺死那个年轻人，情况会怎样？他只能四处亡命，命运可能是另外一种情形，自然就不会有后来的封侯拜将了。

忍耐别人的侮辱是艰难的，它刺激自己的神经，伤害自己的自尊。然而不忍耐别人的冒犯，则可能酿成大错。比较起来，忍耐是理智的。以自己暂时的退让避免了过激行为与矛盾冲突，从而达到了迂回前进的目的。

唐朝有这么一个故事，有个农民五代同堂，相处却很融洽。唐太宗李世民慕名访问他家，问起家里长者："你们用什么办法，使五代人和睦相处？"对唐太宗的惊奇，这个农民只用一句话作答："我们没有其他办法，除了相互忍耐。"

其实这是最好的办法了。

人与人之间毕竟是不一样的，即使是同一个人，因为情况变化，有时态度也可能发生改变。不同个性的人在一起总会有矛盾的，没有摩擦是不可能的，事事顺心是不现实的。心平气和，懂得忍耐谦让，方能解决问题，化解摩擦，实现和解。

还是俗话说得好："凡事得忍且忍，饶人不是痴汉，痴汉不会饶人。"显然忍让并不是被迫退让，而是有意识地忍耐。饶恕别人是英明的，需要大度。假如他不懂得暂时忍耐委屈，他可能因为意外的摩擦而付出更多。而他如果懂得有效地忍耐，他则可能获得机会，争取更大的发展。其实人们只要洞悉其间的差别，大部分人还是愿意选择忍耐的。

忍耐不是一个抽象的概念，关键要在具体环境里，能理智地区分什么重要，什么不重要；什么是原则问题，什么是非原则问题；什么必须现在解决，什么可以暂缓解决。忍耐能让他获得机会，争取更大的空间。懂得权衡，方能降低过激情绪的干扰，作出忍耐的行为。

当然应该说明的是，提倡忍耐，并不是说什么事情都忍耐，什么时候都忍耐。"宰相肚里能撑船"，并不是说宰相脸上能撑船。忍的前提是忍耐能争取理解，对事业发展不造成致命影响。忍耐的结果是牺牲小利益，获取大利益。忍耐要有度，超过度是迁就，就变成了懦弱，那完全是不足取的。

（蔡泽平）

凡事看得简单些

　　他生平最快乐的两件事情：拍电影和吃。他说：我的存折上面一般只有两三块钱，我不存钱，大部分钱都吃了，要是一天吃不好，心里老别扭了、老别扭对身体不好。

　　68岁时，他患上了糖尿病医生规定糖尿病病人吃东西要定量，可他根本不急自己的病，他急的是自己不能吃，为了吃，他威胁医生拒绝治疗，医生特许在不太影响血糖的情况下，吃一点儿红薯、玉米甚至蛋糕，他却有他自己的想法：老是吃萝卜青菜，我宁可少活几年，我吃了好吃的，吃好了我就心态好，心里舒服，我就能长寿；他并不遵照医生嘱咐，一直我行我素，想吃什么就吃什么、不管多忙，老人每周都会留出四个小时专门炖一次肘子，他认为好吃不过肘子，一吃肘子就特高兴，心情也愉快，不可思议的是，患病20多年来，老人始终健康快乐地生活着，并且好几年被评为全国健康老人。

　　他是八一电影制片厂导演，曾执导很多经典影片，在80多岁时还拍了100多集电视剧，91岁仍然创作电影剧本。

这位93岁的耄耋老者，满头白发，却像个孩子般活泼快乐，充满朝气，上楼梯不让人扶，虽然挂着拐棍儿，但拐棍儿只是他的摆设，根本用不上。家里的陈设很简单，而他的快乐也像这些陈设一样简单明了。他说，我比皇上好，他有9999间房子，他晚上睡的床跟我的一样大，睡觉以前我还可以喝杯浓茶看看电视，皇帝看得上电视吗？我比皇上还强。

他喜欢和朋友们说话。几乎每天，他都会和老朋友们聚一聚、聊一聊，对于他来说，生活在变，但快乐仿佛依旧。有一回记者采访他，近三个小时，老人始终侃侃而谈、毫无疲倦之意，问及原因，老人说，此亦为养生之道，乃每日必修之"话疗"也。

老人的一生，经过许多苦难，但就像他从不存钱一样，也从没把疾病和苦难存放在心上，熬过难关就有一种安然。他说，我内心有两句话，第一句话脸带微笑，不是假笑，我真是觉得挺好，生活过得不错，老婆孩子都在一块，生活也好，薪金也够花，房子也不错，第二句话叫意念青春，我很年轻，我身上没有事儿吃得好，睡得着，拉得出、不计较。

心态淡定的他知足常乐，出门时会摸摸小孩子的头，与老友谈笑风生，其乐融融，将生活变得很简单很纯粹，并从简单里得到了快乐和健康。

是的，生活原本很简单，想得太多，顾虑得太多，往往会让自己负担太重，活得太沉重，人生，快乐与苦痛往往同行，凡事看简单一些，随时丢弃苦痛的包袱，轻松、快乐自然会拥抱整个身心。

（翁秀美）

守得云开见月明

　　小时候，一直觉得自己是个失败的孩子。父母总会对外公外婆嘘寒问暖，对我这个独生女儿缺少关心。幼儿园里，我一直都是不会过分表现自己、不会讨老师欢喜的"笨孩子"。

　　和小伙伴们分糖，可就在糖果倒落的一刹那，瘦小的我被挤到了外面。糖果一把一把地被其他小伙伴抢走，而自己却插不上手。终于有一两颗从他们的指隙间滑落，我会迅速地去捡。每次，我都分到最少的糖，而且是最难吃的。我常常一边珍惜地藏好仅有的几颗糖，等到实在忍不住了再吃。一边羡慕地看着那些抓了一大把糖的小伙伴，看着他们炫耀似的将糖纸剥去和细心品尝时满脸陶醉的表情。

　　以后，不论是和兄弟姐妹一起分其他东西，还是在学校里和同学一起分物品，我从来抢不过他们。甚至运动会开幕式上人手一束的假花，我的那束也是别人挑剩下来的。同学中有些父母做大官的，有挥霍不完的金钱和来去接送的高档轿车；有的长得漂亮，穿着时尚，吸引了一大群男孩。起初，我的确觉得上天不公，觉得羡慕，

　　甚至是妒忌，尽管我知道我的种种不满对这些的存在无济于事。就像小时候分糖果时，我明知道自己挤不过强壮的小伙伴，但还是愿意拼命地去挤。这个举动虽然不能带给我成功的喜悦，却让我注定会有的痛苦能减轻一些，甚至在挤的瞬间我拥有了廉价的知足。

　　后来，也渐渐习惯，甚至说是麻木了。分东西的时候，我就站在外边，等争先恐后的人满足了丰收的快感之后，再从容地上前。我爱上这种平淡真实的日子。既然我不是上帝的宠儿，我就不怀有任何非分之想。与其抱怨，还不如专注地过自己的日子，静心地享受学生的生活。

　　终于，我以不错的成绩进入初中，又凭自己的实力，争取到了区里仅有的几个升入市里最好高中的就读名额，然后又以优异的成绩考入大学。

　　遇见儿时抢糖果的伙伴，他们都羡慕我有出息。而他们的境况大体不尽如人意，至少没有当年抢糖果时把我挤到一边和抢到大把糖果的快感和自豪。

　　静下来想的时候，自己现在的一切，又岂是当年那个躲在墙角、流着口水、眼看着其他小朋友有糖吃的少年所料想到的。我只是默默地努力，从不奢求那些包含太多"幸运"成分的不属于我的东西。并不是提倡不食人间烟火的与世无争。我不得不承认，当初自己的"懦弱"实在是因为力不从心，但恰恰是这种不苛求的"放手"，让我懂得了知足与宁静，懂得如何去从容地应对世间万变。作家三毛说，真正的快乐，不是狂喜，亦不是痛苦，它是细水长流，碧海无波，在芸芸众生里做一个普通的人，享受生命一刹那的喜悦。

有的时候，我们的争先恐后，也许并不是因为事物本身的吸引，而是攀比的虚荣和占有的快感。可是这又怎么预料呢？生命中的种种经历，往往不具有立竿见影的效果，而需要时间的考验和洗礼，是不可以用最精确的数字去计算和衡量的。所以，要坚持，要忍耐。这个世界总会有机会，给你华丽的转身。

感谢自己当年的懦弱和大度，让我守得云开见月明。

（刘悦）

交换"私享"

　　你在演着怎样的你？有着怎样的物质思想和偏执主义？做着哪一类唯物主义"私享家"？坚持做着格子控、风衣控、还是布艺控？又或者这些执念你都没有，继续举着"随便"的旗帜，走在两点一线、三点一线之间，永远不会在一堆花花绿绿的同类商品中立刻认出你要的那个。当这一阵"私享"浪潮汹涌着向你袭来时，你是否仍旧在一堆杂乱的玩物中过着你混乱的生活？

　　应该说所有人都有美好的夙愿，都想和其他人分享自己的乐趣，在努力拼搏时也懂得享受生活，当然，这不是完全的富营养化，学会享受生活和你有多少钱无关，这只是一次心灵的征途，当你随时随地和周围的人交换"私享"时，你会突然发现原来自己也有颗温暖且善良的心，会发现自己原来也不是那么"无趣"。

　　所以，开始有自己的"私享"，并不断和别人分享吧。就像《HANA》里所说："也许你的日子并不单调枯燥，也许你会有寻找生活乐趣的方向。"也许你去过一个美丽的地方，想在那里盖一幢房子，面朝大海，春暖花开；也许你读过一本感人的书，想悄悄收藏起来，在将来给心爱的人讲里面的故事；也许你看过一部精彩的电影，想招呼家人和真挚的朋友，周末再一同观赏；也许你听过一张抒情的唱片，想号召更多的人与你一起唱出它的旋律；也许你喜欢过一个闪光的人，想用尽全身力气，向全世界大声喊出他的名字。其实，"一本正经"的你也有这样温存的念想，你也在努力摆脱"无趣、乏味"等字眼。你的所有，最怀念的人、最有趣的新鲜事、最珍藏的某件物品，都应该暴露在阳光下，让它们都发光发亮。那么，这滚滚欢欣的浪潮，就从你的私享开始吧！

去喜欢的小书店，那里有亚麻质地的软沙发和中午12点的阳光，选回繁杂的习题册和新期刊；去离家很远的音像店，那里有热烈的摇滚、清新的蓝调和醇厚的唱片，歌声音流遍店里每个角落，淘出几张自己中意的歌手很多年前发的唱片和新人刚出的处女作；去人迹罕至的电影院，那里有最新鲜的大片和温情的老文艺片，大大的放映厅里虽只寥寥几人，却也满足，因为有和我分享同一份乐趣的人；去小小角落里的饰品店，那里有可爱的小玩意儿和新奇的生活用品，挑出一些适合自己的小家伙，让身上添加新的不同的"亮点"，用又一个华丽的姿态来迎接新的一天；去五彩缤纷的糖果店，那里有不同国籍、不同形状、不同颜色的糖果粒，我喜欢的颜色和味道，放一盒在书桌上，闲暇时让大家都来检验我的最爱，所有人都会是甜蜜且充满爱的，因为糖让我们"粘"在了一起；去活色生香的鲜花庙，那里有健康活力的"小天使"和老板姐姐甜甜的笑，抱回一束香香的却叫不出名儿的小花，插在墨绿的玻璃花瓶里，连空气里都是甜腻。

那么，跟上这潮流文化的动态，和大家交换"私享"，如果有一天，有人因为你的分享去了那一个地方、听了那一首歌曲、看了那一场电影、吃了那一样美食、体验了那一份美好、留下了那一片感动，这感动，于他于你，都是拥有。

（刘静）

人生的境界

这是一座海内名山，山灵水秀，老总带着三名中层管理者来这里游玩，这三名下属都是老总的得力干将。行到山脚，老总笑呵呵地对他们说："你们比比谁的脚力快，记着，谁第一我可是有奖励的！"

比就比吧，三个人朝着青石山道奋力攀登。

一个小时后，第一个人登上了山顶，发现老总已到山顶。老总抬起手腕看看表，欣慰地笑了："1小时15分，你的效率就是高哇！把你的数码相机给我看看。"

老总打开他的数码相机，里面空空如也，满山秀美的风景居然一幅都没有留下。老总语调深沉透着遗憾："可惜，你太执着了，这样容易急功近利啊！"言外之意，这么大的一个集团，若是交给你，我真有些不放心哪！"半个小时后，第二个人上来了。老总打开他的数码相机，只见里面静静地躺着二十几张风景照，全是这座山上的名胜，那拍摄的角度、光与影的配合还真不错。老总一展眉头，哈哈大笑："你懂得欣赏！"

又过了半个小时，第三个人姗姗来迟。老总打开他的相机一看，好家伙，一百多张照片，清晰华美，张张美轮美奂。老总拍拍他的肩膀，一声轻叹："你还是这么贪玩儿。"

一年后，老总退休了。第二个人被任命为总经理，第三个人被任命为集团里唯一的副总，第一个人原地不动。

（朱国勇）

安静由己

"静以修身。"

很早就知道这句话，但真正喜欢，还是在后来。

发生了许多事，经历了太多的热闹，终于慢慢地静下来。

曾经是在杂沓声中狂野奔跑的马，马蹄慢下来，散下来，晶莹的汗珠静静地滑过热气蒸腾的皮肤，隐约滴落有声。蓦然间，感到岁月的静好，一种悄悄弥漫的幸福和美就那样柔软地击中我的心，让人微笑而泪下。

热闹，热闹，真的曾经热闹过。烈火烹油、鲜花着锦的热闹绚烂哪，可是在热闹中为什么不能抓住幸福之尾呢？

有人说："一个不停行走的人，他不会幸福，因为他不能回忆；而一个不会回忆的人，他是不能安静的。可能，安静是幸福的基础吧。"

哦，热闹得连回忆都没有了，或者说连回味都没有了，这怎么能够留住喜欢安静的幸福呢？

幸福原来跟狂欢不同，锣鼓喧天、人山人海，犹如浪涛裹挟着幸福的浪花滚涌而去，残留下的是抹平的一览无余的薄凉沙滩；烟花的热闹、狂欢，突如其来，又刹那成空，苍凉的感慨暗如夜色，深不见底。这样的心，这样的人，连回首都不愿，连安静都不耐，如何去看那幸福笑靥如花？

米兰·昆德拉在《慢》中写道：马车消失在晨雾中，我启动了汽车。

静消失，闹以神速登场，幸福也就被甩到身后了。那么，谁的幸福还在原地打坐，心无旁骛地等待主人乘着马车归来？

如果说人的一生，是不断重新走向自己的过程。那么，这个过程一定不是乱哄哄的怀疑，不是一而再、再而三地被翻译、被解读，而是安静下来。静下来，轻声地呼唤自己，让心灵的尘埃被时光的清风拂去，远离喧嚣，自己和自己合二为一，眼含热泪地道一声："我回来了，一切都还好吧？"

"静以修身"，只能是自始至终的静，"鸟鸣山更幽"的静，天荒地老的静。

在静中修自己，寻自己，找到了，回来了，然后才发现，幸福也跟来了。那么近地贴着你，那么紧地拥抱着你，再也不分离，再也不望眼欲穿，再也不疲惫憔悴雾茫茫。想起人生的生动皱褶，一种神奇的美出现在空中，舒缓而优雅地盛开在安宁如昔的心里。

安静只能是一个人的事情，只有自己才能够将自己交还给安静，也只有愿意安静的人才会有安静的可能。

安静着的人是真实的人，是知道感恩和惜福的人，是喜悦如莲、静心如草原之草的人，是知晓生命秘密的人——这个世界始终以一种安静独特的方式爱抚着能够静观、静听和静思的人。

一本新出的杂志在约稿函中写道："在留白的空间里，在时光的缝隙里，听见指针走过的轻微声响。须臾世界里，开满新放的玫瑰花。"

有人说，这些话华丽而空洞。

不，也许只是有人不习惯这种静——安静的大海会很美，但她并不是空洞无物的。

安静由己的人无物可失，也无须逃离，是自然的富足，是和谐的圆满，有安定的幸福，有自由的当下和未来。静，是一种无须速度的抵达，也许出发点就是目的地，逝去的只是时光。

散文家刘亮程在《一切都没有过去》中感叹不已："我走了那么多地方，读了那么多书，思考了那么多事情，到头来我的想法和那个坐在街边打盹儿的老人一模一样。你看他一动不动，就到达了我一辈子要到达的地方。"安静就是这样，正是这样神奇而美妙。

实际上，能够深深打动我们的不是热闹到狂欢的喧腾，也不是快速到燃烧的激情，而是缓慢的安静，博大的安静，自在的安静，在天地间跟自己生死不离的安静。

一个诗人在奔走多年后写道：多少年过去，多少地方多少脸都淡漠了。有的人已谢世，而我站在远方，夜那么静，我终于肯定：我最怀念的，不是那些终将消逝的东西，而是鸟鸣时的宁静。

（孙君飞）

轻灵心意

　　我喜欢轻灵的质感。

　　轻灵，是一种状态。米兰·昆德拉给了它一个特别好的形容词：不能承受。重的时候，总是低头前行。最受打击的时候，贾平凹去四川找魏明伦，一待就是几个月。从来也不懂认输，现在有了盛名，倒烦躁了。他说："走到哪都有人接待，没有自由，而且开口就是求字，唉……不是自己了。"轻了？还是重了？那心灵上的轻，只有自己知道吧。

　　轻灵，需要的是减法。减去那些烦琐与浮华，只留下这最轻的一层给自己，那是生命的一种必须与支撑。

　　小时候盼望春天，其实是盼到了春天脱去冬天的棉衣。那厚实的衣服，在惊蛰之后突然就热了，穿不住了。小昆虫都醒了，柳树发了嫩芽，一个人跑到城墙上吹风。连风都不一样了，变轻了，变暖了。终于穿了单衣，整个人像飘起来一样。那几天，感觉多么不一样，春天像长在了身上一样，轻得像风。匆匆脱去了那么臃肿的冬衣，像穿上了风。不，比风还要轻。人走在春风里，不真实，像梦。怪不得孔子带着学生在暮春里走着时，会穿一袭白衣，沐歌而行。那是怎样的一种轻，妙不可言，带着芬芳，带着一种难以言说的冲动。

和大画家韩羽聊天，感觉到轻灵。他得了肝炎，以为自己要死了，简直吓死了。"我真是怕死，活着多好啊，你看，我才80岁，离死还远着呢。死真是件腻味的事情。"我喜欢他说这样的话，有些人说不怕死，人都是喜生厌死，他说生多好啊，轻松地活着。"那一年我做了个穿刺，在等待医生告诉我结果时内心真是忐忑呀。怕他说没事我就以为是骗我，他如果说严重我就以为是吓我……总之，我盼望着他说谎话，又盼着他说真话。"我们都笑了，他活出了这个"轻"字，把一切当笑话讲。

80岁了还像个孩子，以为死亡是件太遥远的事情。这是轻灵的心态。韩老说自己的毛笔字，"忒难看，简直是不能看！"是咬牙切齿地说，听得人心里发毛。大师这样的心境，可以让人活得轻松、飘逸……

他用的砚台，还是60年前花两毛钱买的，那些大师级的作品，全是用这砚台画出来的。一口山东聊城话讲着绘画与戏曲，从不矫情卖弄，人生之趣之好玩，全在那一举手一投足。卧室内欧美大片有几千张，老爷子说："就喜欢个杂七杂八的东西。"

更记得大雪日，"扫将新雪及时烹"，虽然不是妙玉扫了梅花上的雪贮藏五年，约了三两知己围炉小坐亦是情趣。也不说情亦不说爱，东一句西一句，桌上的小零食变成了壳子，天将晚了，黄昏时分炖了一锅莲子粥，一人一碗分而食之……这样的生活，也有了轻灵之意。

拿什么样的心境去举这叫作生活的杠杆？举得好，就是举重若轻；举得不好，就是泰山压顶。

还是说贾平凹先生。到最后，自己开车去自己喜欢的地方，"我谁也不通知，走到哪个小店吃到哪个小店。"这样的自由，是他所要的；这样的轻，也是他要找的。

当然，也是我们要寻找的……

（雪小禅）

渺小的巨人

 但凡秋季到过盘锦红海滩的人，绝对会惊诧"红地毯"的神奇。

 眼前铺伸开去的碱蓬草占据着一望无际的海滩湿地，似垂落的红霞，像燃烧的原野，微风吹拂，更像舞动在云海衔接处的赤练。其实这种珊瑚状的植株很矮小，半尺多长，稍稍一用力，就能连根拔起，但是他们组合成的联合纵队太强悍了，根须抠住淤泥，枝条迎着浪击、吞着碱卤，逼退潮汐，生生不息地扩编，大有席卷的壮阔。

 世上事物，或高矮、长短，或大小、强弱。高对矮形成落差，强对弱形成压迫。但，若比之以气势，高壮、长阔、都可能失去优势，因为更雄壮更威慑更具震撼力的恰是数量的非常规集合、所谓的波涛汹涌、黄沙滚滚是那聚拢起来横扫千里的蚂蚁军团，那同仇敌忾全民皆兵的亿万民众更是，这样一想，我便产生了卑微的自信：倘若无法成为巨人，那不妨汇到小矮人的海洋里，如同站成一株红海滩的碱蓬草、矮小或者说渺小的亿万集合就是伟大，融入族群的伟大，同样傲然于世。

（栖云）

旅途上没有完美的座位

　　那年我十八岁，没有考上理想的大学，心情烦闷，独自一人去西安旅游。我是先上车的，人不算很多，估计应该能找到理想的座位，最好是靠窗的位置，可以悠然地欣赏秦岭的美景。于是我毅然放弃了过道边的几个空位，向前面的车厢走去。我是个追求完美的人，相信这会是一次不错的旅行。

　　然而一连走过几个车厢，理想的座位却并未出现。并且我发现，人似乎越来越多了。我掉转头，向后面的车厢走去。火车正在爬山，越来越摇晃。我打算退而求其次，先找个位子坐下再说。很快，我又回到了我上车时的三号车厢，先前那些被我挑肥拣瘦的空位如今都已有了归宿。我有些失望，确切地说是追悔莫及。

　　我有印象的，后我上车的几个农民，他们舒适地坐着，一边嚼着干馍一边说话，还不解地看着我，目光里有善意的好奇和同情，对我却是莫大的讽刺。

　　是啊，我怎么会沦落到如此地步！虽然我也知道，站着也没什么，我又没行李，然而人的心理是很奇妙的，当所有的人都坐着，而你站着，并且你其实也完全可以拥有坐着的机会时，你感觉到的就不仅仅是多余，而是有一点点说不出的耻辱。

我不想在"认识的人"面前丢人现眼，只好在车厢吸烟区的过道落脚。不断有卖报卖饭的，上厕所打水的，从我的身边蹭来蹭去，虽然他们都极其礼貌和小心，可我还是觉得自己碍事，有些多余。

忽然，我发现车门处有个家伙去了厕所，便一个箭步跨过去，抢占了那块风水宝地。为此，我有些激动和庆幸。是我，而不是别人，抓住了这稍纵即逝难得的机遇。

我的心情开始好点，望着门外，准备享受旅途的快乐。可那些疾驰的景物，让我有些头晕眼花。我只是觉得，旅途很长，得不断变幻姿势，以缓解腰腿的疲劳。

其间几次停车，好像是下车的多，上车的少，我不敢肯定。有了上一次的经验，我不敢贸然离开。万一找不到座位，我就会流离失所。而这仅有的地盘，也会被别人迅速占领。

突然，有人在我肩上轻拍了一下。是那几个农民中的一个，他疑惑地看着我，手指指向车厢。我这才发现，周围站着的人，已不知什么时候消失得无影无踪。

我充满感激地向这位农民大哥笑笑，奔进了车厢。这一次，我不再挑肥拣瘦，扑通一声就坐在了第一个空位上。

然而，我刚刚坐稳，还没来得及享受一下拥有座位的舒适和幸福，播音员那甜美的声音便响起了："各位旅客，终点站到了，欢迎乘坐本次列车，再见。"我站起来，无奈地笑了。

　　或许青春就是这样一辆轰轰隆隆的火车吧，每个人都渴望拥有一个豪华的座位，抵达美好的未来。然而，现实如同铁轨，总是被压着前行。人生没有注定的大学，旅途上没有完美的座位，唯一的真谛在于把握！

（羊白）

公益是我的生活习惯

　　他出生于美丽的西双版纳，但是，他亲眼看到这里的一棵棵大树被砍伐，一只只珍稀动物被捕杀。最触动他心灵的是，因为人类大规模的毁林开荒，毁坏了野生大象赖以生存的家园，每年都有不少人死在野象复仇的脚下。虽然当时年纪小，但幼小的心灵埋下了保护这片乐土的种子。

　　12岁那年，他与一群防艾宣传志愿者偶然相遇，得到了一根红丝带。自此，他开始关注艾滋病患者，主动加入了"恐友"QQ群。他了解到"恐友"们只要与艾滋病患者轻微接触，就整天担心自己受到了感染。如果身体有一点点不适，就草木皆兵开始辗转各医院检测，整天生活在恐惧之中。为此，他从学习宣传艾滋病防治方面的专业知识入手，对他们进行心理疏通，还和他们一起到医院抽血化验，让"恐友"们接受科学检测的结果。几年下来，虽然他的胳膊上留下了一大片针眼，但"恐友"们的生活却阳光起来。

　　中考之后的暑假，15岁的他走村串寨，在傣族、哈尼族、基诺族等少数民族聚居的村寨进行环保、禁毒、防艾方面的宣传，给那些没有衣服穿的小孩子赠送衣服和书籍，在村寨宣传推广使用节能灯，一个月花去了他400元。这对于一个月只能挣800元的低收入家庭来说，是一笔不小的开支。但是，他所到过的地方，村民开始使用节能灯，开始意识到砍伐树木的危害，开始身体力行地保护森林。

高一那年，他第一次得到当地相关部门的许可，同意让他向人们赠送防艾宣传资料。他无比兴奋地从储藏仓库中搬出一摞摞海报，一个人肩扛手抱，满头大汗地回到宿舍。直到放下资料的刹那，他才发现海报早已将双手和脖子划出一道道血痕。他忍住疼痛，走到窗边，看到窗外连绵起伏的大山，想到美丽的西双版纳正在遭受破坏，艾滋病患者和可怜的贫困小朋友们正在等待帮助，他再一次坚定了做公益的决心。

此后，他组织动员周边学校的近百名环保志愿者，深入西双版纳州勐海县十余个边境线上的少数民族村寨，开展环保防艾禁毒宣传，先后发放节能灯千余个，发放节能小知识手册万余本，进行各类培训百余次。2008年7月，他被联合国儿童基金会和联合国艾滋病规划署授予"青年爱心大使"称号。

2009年，他被山东工商学院政法学院录取。在学校团委重视和支持下，他筹建了烟台高校大学生公益联盟，并在青海卫视《一百万梦想》节目中成功申请到4万元公益基金。从此，他致力于社会公益事业，从事包括少数民族受歧视及弱势人群的人权维护，开展以环保、保护野生动物、禁毒、防艾、扶贫、爱老和助残等为主题的项目活动。

如今，他有一个美丽的梦想：每个人都是志愿者，是公益活动的参与者。我们的世界因为爱和普遍的自觉，变得更加温情脉脉。

他就是刘思宇，一名"90后"志愿者，八年如一日，用自己的行动诠释着他非凡的爱心和与众不同的公益选择，被誉为"公益狂人"。面对自身拥有众多光环，刘思宇总是平静地说："光环是一种荣誉，也是社会赋予我新的使命和责任。我希望我能做一支蜡烛，带给别人光亮和温暖。这是一个生命增值的过程。"

公益是他的生活习惯，爱与责任让他永不止步。刘思宇，一位当代大学生志愿服务的时代楷模，像一把永不熄灭的引路火炬，照亮并坚守着人性的良知。

（朱吉红）

哪一张脸是真实的

去看变脸大师表演，他的演技精妙绝伦。首先展示一张美女的脸：眉黛如山，眼波似水，倾城倾国。然而转瞬之间，青面獠牙，变成一副狰狞恐怖的魔鬼面孔。最后，丢下面具，现出魔术师绝无粉饰的脸。

这张脸就是真实的吗？

一定有慈眉善目似菩萨的时候，有勃然大怒似关公的时候，也一定有愁肠百结似苦瓜的时候。哪一张脸是起初的呢？

一位朋友曾给我讲个故事：丈夫对妻子百般恩爱，可谓照顾得无微不至。有一天夜半突然楼下起火，睡眠蒙眬中丈夫撒腿就跑，回头听见屋内妻声嘶力竭的救命声，才猛然想起妻的存在。

那一刹那间的面孔绝非妻所预料得到的，也绝非丈夫自己意念中的，但有一点可以肯定，那一刹那间的面目好比突然抖出的利刃，斩断了所有的情丝。应该感激这次失火，妻子探到丈夫心灵深处对妻爱的程度。

那一刹那丈夫最真实：心里只有自己，没有妻子。

　　如此，真心时的面孔最真实，无论是喜是怒是哀是乐；将真心掩盖的面孔最虚伪，无论是甜言是蜜语是否穿越岁月的长河。

　　辨认一张真面孔多么不易，如此，面对一张真面孔该万分珍惜啊！

　　　　　　　　　　　　　　　　　　　　　　　　　（栖云）

练就一双洞明世事的慧眼

　　人们往往轻信耳闻，许多事都坏在耳朵发软上。一些心怀叵测之徒正是利用人们"闻过则非"的天性，人为地不择手段地拨弄是非，挑拨离间，制造种种误会，搅得周天寒彻，而他们却隔岸观火，自寻其乐。于是有了"耳听是虚，眼见为实""百闻不如一见"等警语，意在提醒。人们相信"亲眼所见"，避开"耳听是虚"的雷区。

　　然而，虽眼见较之耳闻，其可信度要高得多，但也未必百分之百的真实。

　　有一则寓言，其大意是：有个人丢了一把斧子，怀疑邻居偷去，于是看邻居说话做事怎么看都像是偷了斧子的；后来斧子找到了，再看邻居就无论如何也不像偷斧子的了。其中的差错就出在眼睛上。

　　孔子可谓圣明，却也有看错走眼的时候。一次出游，他肚子饿了，颜回讨得一点小米回来，支起炉灶熬起粥来。米粥快要熬好的时候，孔子突然进屋见颜回正在用手抓着吃粥。孔子心中顿生不快：这就是自己一向钟爱的学生之所为吗？粥做好了，颜回将饭毕恭毕敬端给孔子请老师先吃。孔子故意试探说，有许多日子没有祭祖了，这碗饭先祭祖吧。颜回听毕连连摆手说："老师，万万不可祭祖，刚才锅里掉进一撮灰，我情急之下用手捞着吃掉了；这饭不洁不能祭祖啊。"孔子听毕，惭愧不已，感叹道："便是亲眼所见也不可过于自信啊！"

上面两个例子说明眼见和事实是有距离的。这个距离是由人的视角、观察力、感性认识乃至理性认识的局限和差异造成的。在待人接物中，人们往往掺杂着自己的喜好、自己的观念、自己的情感……因为自己喜欢，本来有悖于理的事情却看在眼里喜在心头；因为不合自己的口味，本来不错的事情却看着"扎眼"；因为是亲朋故旧，是非道理就不那么清明了——"认亲不认理"；因为是关系疏远或素有成见之人，尽可能客观地看尚有误差，若是带着成见，带着防范，戴着有色眼镜去看人看事，便是好人也足可以看成坏人，便是小疵也能看成大过。生活中许多误解、遗憾都是眼力的误差造成的。一个斤斤计较的人，他的眼睛除了看见自己鼻子底下一点利益又能看见什么呢？一个胸怀宽广的人便是在泥淖中也能看出一星半点的光火。

视力只能看些物化、表象的东西，而要整个地面对多变的环境、纷繁的事务乃至复杂的人生，却需要有好眼力。视力和眼力不是同一水准。眼力的好坏并不单指视力的高低，应当说是一种能力，是一种智慧。只有心明，才能眼亮。

集盲、聋、哑于一身的海伦·凯勒一直生活在一个黑暗和无声的世界里，然而她通过她的手指，通过她的智慧，通过她那心灵的眼睛，看得见大自然的雄伟壮观，看得见历史前进的走向，看得见她认识的每一个人和她自己。

面临重大的抉择，陷入无端的困惑，沉于纷乱的思绪，要求人们做出准确的判断、明智的选择、果敢的行动，这时候实在需要一双智慧的眼睛！慧眼不会天上来。只要不怕一次又一地地摔跟头，只要肯于用知识的琼浆时时熏陶和滋养，只要勇于接受生活的"烟熏""火燎""煎煮"与"腾蒸"，你就会拥有这样一双眼睛！

（赵锁仙）

有几分"傻"气又何妨？

　　傻字者，头脑糊涂、不明事理、不知变通也，含贬义。然人生在世，如果时时精明、事事计较，得饶人处不饶人，那岂不成"人精"了吗？所以说我们在明大理知变通的同时，不妨有几分"傻"气：大事不糊涂，小处显大器，想人所不曾想，做人所不想做，造就一种"风景这边独好"的"傻人"风格。法国有句名言："一个生平不干傻事的人，并不像他自信的那样聪明。"本文所要说的"傻"，不是憨痴，也不是癫狂，而是理智的另一束光辉，是"于无声处听惊雷"的别样情怀。

　　一、工作上，知难而进莫先言利——"傻"出几分执着

　　在今天，有些人的思想观念发生了显著的变化。事必言利，"钱多多干，钱少少干，没钱不干"的思想似乎是天经地义的。一句"金钱不是万能的，但没钱却是万万不能的"台词成了广为流传的时髦语。殊不知正是这种从众的思想倾向消磨了许多人潜意识中自甘寂寞、发奋图强的优秀品质。要知道有些事情并不是时时处处都能

以金钱来衡量其价值的。全国闻名的"才子之乡"——江西临川，有一位享受国务院特殊津贴的校长李盛光，在1978年县里决定创办临川二中时，他主动放弃县报道组的工作，自愿到二中担任教学管理工作，并自任数学把关教师。当时人们都说他傻，在县报道组工作，接近领导的机会多，升官发财有望，何必去吃粉笔灰呢？然而李盛光并没有过多地考虑利害得失，一头扎进创业工作。在他的领导下，如今的临川二中已成了全省重点中学，每年为国家输送大批栋梁之材。李盛光同志的成功告诉我们，做工作不能光想着眼前利益，暂时的"失利"也许会换来长远的丰收。小黄师专毕业后分到一所中学任教，由于工作出色，两年后被提拔为年级主任。这年寒假，某教师因故调离，所担任的课一时没人愿上，因为没有报酬，属于"分外工作"。就在校长左右为难之际，小黄主动要求给自己"加压"。校长喜出望外，可又担心小黄会提什么要求，不料小黄急学校所急，顾全大局，说："如果我开口提报酬，那其他老师会怎么想？我还年轻，锻炼锻炼也是好事……"小黄这种对事业的执着精神赢得了人们广泛的赞誉。第二年上面来考察教导主任人选，小黄自然是众口一词：没得说！

二、生活中，小事糊涂心自宽——"傻"出几分质朴

一些在事业上卓有成就的人，是不会为生活上的小事所羁绊的。如果一个人对生活上一些鸡毛蒜皮的事斤斤计较，势必会分散其在

工作、学习上的精力。都说傻人有傻人的福，人们在敬仰他对事业执着的同时，自然也会对他在生活上的一些"傻"气表现出一种体贴式的宽容。德国化学家科坦尼有一次在家接待一个朋友来访，聊着聊着，突然想起一个实验方案，就对朋友说，你请便吧，我过一会儿再陪你坐。可他一头扎进去半天也没出来。朋友知道他的秉性，自顾忙乎起来。后来科坦尼的妻子回到家，发现这位朋友正在为丈夫准备晚餐，很有些过意不去，就跑进房里去责怪丈夫："瞧你这副傻样，哪有让客人为你做饭的道理？"科坦尼一时忘了时间，嘟哝道："主随客便又何妨嘛！"正是由于科坦尼不拘生活小节才得以在事业上有所建树，了解他的朋友不仅不会责怪，反而会由衷地感到高兴。在家庭生活中，男人们大可不必摆出一副唯我独尊的"大丈夫"气概，只要不是大是大非的事，像晚饭吃什么菜呀，买什么颜色的窗帘呀等，尽管听从妻子的指挥。这样"妇唱夫随"，其乐也融融。一个人生活小事的"傻"，从另一个角度上讲，正说明了他事业的精明以及对待相关人事的宽容态度。著名哲学家赫伯特·斯宾塞终身未娶。一次他在路上遇到两个朋友，一个朋友问他："你不为你的独身主义而后悔吗？"斯宾塞愉快地答道："人们应该满意自己所作出的决定。我为自己的决定感到满意，并常常这样宽慰自己：在这个世界上的某个地方某个女人，因为没有做我的妻子而获得了幸福。"哲学家这些富有"哲理"的傻话，不正是他为人质朴的表现吗？

三、荣誉里，淡然处事荐助贤人——"傻"出几分谦逊

哲学上把人生存的目的划分为三大需要：生存需要、发展需要、完善自身的需要。从心理学角度上讲，每个人在通过努力取得一定成绩后，都渴望得到人们的肯定和赞美。这就是所谓的荣誉感和自豪感。然而一个人若是过分地强调自己的成绩，始终沉湎在荣誉的光环里，势必会给日后的工作带来一些负面影响。理智的做法是把机会让给他人，把终点看作起点，向更高的目标奋进。一位多次荣获省地优秀企业家称号的乡镇企业的厂长，有一次断然放弃了县里组织的到外地参观考察的机会，力荐厂里一位年轻干练的业务员随团外出。对此厂长的家属亲友都说他傻里傻气的，到手的好处哪能给别人占去，说不定以后那小子翅膀硬了和你分庭抗礼呢！这位厂长宽厚地一笑说："这正是我所希望的。长江后浪推前浪，我已经多次到外面参观，若是厂里没有新生力量到外边去增长见识，说不定那些荣誉就会栽在我的手里。"正是这位厂长在荣誉面前荐才让贤的谦逊态度，极大地鼓舞了干部职工，使得该厂的生产、经营连年都上新的台阶。当然，荣誉之于后人，也是一种企盼，但对于先行获得者，也是一种鞭策、一种激励。带几分"傻"气对待荣誉，实则是一种旷达的人生态度。有一次胡适应邀到某大学讲演，这对于和胡适同辈的学者们来说，是一件很荣耀的事。胡适踌躇满志，但并未忘乎所以。课堂上，他引用孔子、孟子、孙中山的话，在黑板上

写下"孔说""孟说""孙说"，最后他发表自己的见解时，引来哄堂
大笑，原来他写的是"胡说"。你看胡适先生是多么的"傻气"，他
傻得厚道，傻得可爱！

四、是非前，捍卫真理显大义——"傻"出几分刚直

在是非曲直面前，若是人人都抱明哲保身的态度，对坏人坏事
睁一只眼闭一只眼，甚至"眼不见为净"，那么最终整个社会将会是
乌烟瘴气，恶人得势，所谓的"好人"恐怕也难以糊涂下去、中庸
下去了。时代呼唤英雄，时代造就英雄。唐代的魏征、清代的林则
徐，还有张志新、徐洪刚、王海……每一个有良心有正义感的中国
人无不对他们表示由衷的钦佩和赞颂。然而他们的言行举止在当时
也曾被某些人讥讽为"傻瓜""憨大"，一些心怀叵测的人甚至想致
他们于死地而后快。历史是公正的，他们终究得到了肯定。他们得
风气之先，如立明镜，影响了一大批有识之士，使得我们的社会廉
洁、明正。宋光宗沉湎酒色，常常不去上朝，耽误了许多国家大事。
有一次大臣们去请他上朝，他只好出来，可刚走到门口，皇后拦住
他说："天好冷啊，我们回去喝酒去嘛！"宋光宗一听，又不想上朝
了。这时有个叫傅良的大臣，立即跪上去，不管三七二十一，伸手
拉住皇帝的衣服，不让他回去喝酒。皇后气得大骂，傅良听了，立
即哭哭啼啼地说："君臣如同父子，儿子劝父亲不听，一定要哭哭啼
啼地跟着他！"你看，傅良不合时宜地不给皇后面子，可谓"傻"

矣；他不听责骂反而"哭哭啼啼"，亦可谓"傻"矣。然而正是他这种"傻相""傻态"，才显示了其捍卫真理、晓以大义的刚直秉性。宋代文学家范仲淹不仅在《岳阳楼记》里说过"先天下之忧而忧，后天下之乐而乐"这种在当今某些人看来是"傻子宣言"的话，他还在《灵鸟赋》里高呼作为知识分子要"宁鸣而死，不默而生"。在中国历史上，向皇帝净谏的人，理由不一定正确，目标也不见得远大，但他们的基本精神和我们现代社会那种不平则鸣、疾恶如仇的精神是一致的，那就是：睁开眼睛看世界，不合理的事，我就要说！

（詹平相）

做一个有灵魂的人

朋友们好：

如果从前的哲人复活的话，来到我们这个时代，他们最怀念的品质一定就是善良、丰富、高贵，他们会为我们今天缺乏这些品质而感到遗憾。下面我就具体谈谈对这些种品质的理解。

一、善良——生命的同情

善良其实就是生命对于生命的同情。

如果一个社会普遍缺乏同情心、缺乏善良，或者一部分人邪恶、不善良，而又不受制裁，在这样的环境中，善良的人反而受害，于是不敢善良。一个好社会和一个坏社会最基本的分别就是能不能给人一种安全感，如果普遍没有善良，这样的社会是没有安全感的。一个优秀的灵魂，其最基本的品质就是善良，他对生命有一种感动。

我们到这个世界上来的时候本没有名字、没有身份、没有职务，什么都没有，这些东西都是后来附加的。可是后来，慢慢地，我们就不是作为一个生命来生活了，而是作为一个身份或者所谓身价。

而且往往也是把自己看成这样，很少去倾听自己的生命到底要什么东西，自己的生命过得舒服不舒服，这种敏感没有了，更普遍的是追求物质的东西。

我认为，物质的欲望是被社会刺激起来的，并不是生命本身所具有的。但我们往往被这种物质的欲望所支配了，而忘记了我们的生命需要什么。人和人的关系成了不是生命本身的一种关系，而是利益的关系，我觉得同情心的泯灭就是从这里开始的，生命感觉的麻痹也是从这里开始的。从现状来看，人们善良的缺失和对于生命感觉的迟钝确实比较普遍，这是很可悲的。我们的社会普遍有一种对他人的冷漠，对生命的冷漠，甚至是冷酷。

从人性的角度来说，每个人的人性中都有善良的种子，只是有时候我们不敢善良，因为经常有一些坏蛋利用人们的善良来设陷阱。所以，我认为，关键是要建立一个法制健全的社会。

二、丰富——精神的财富

"丰富"是指人不仅有生命，还有精神。人有精神能力，而动物只有生存本能。"丰富"就是要让人的精神能力生长、开花、结果，每个人都要如此，这就是精神上的丰富。

怎么样去"丰富"呢？我觉得有两个途径。

首先，就是要有独处的习惯，经常反思一下自己。

能说会道是一种能力，但独处是一种更重要的能力。如果一个人没有独处的能力，那么他丢掉的是灵魂，会变得浅薄。尼采说，有的人不喜欢自己，甚至讨厌自己，所以总是要逃到别人那里去。那么，尼采就问，这样的人对别人有价值吗？一个连自己都讨厌的人，到别人那里无非是对他人的干扰。一个人必须丰富自己，这样才能使自己有价值，有了独处，有了内在的东西，然后才能有高质量的交往。如果大家都有内在的丰富，那么这样的交往是高质量的交往，否则无非是利益的交换。

其次，通过读书来形成更高的自我。读好书的过程就是接受大师熏陶的过程，自己的灵魂也会越来越充实。阅读的过程是人的灵魂提升的过程，多和大师们交流，慢慢地，读者和大师的精神就接近了，能从大师的角度去看世界了，这是多大的愉快啊！所以我认为，读书的品位要高，这样才有意义。我们这个时代看重享受人类的物质财富、享受高科技的成果，但在书籍中，积累着人类的精神财富，如果不阅读，这笔财富是不会属于你的。

此外，还要保持心灵生活的习惯。我觉得成功应该是"优秀"的"副产品"，要努力成为一个优秀的人，智力生活要始终是活跃的，情感生活要始终是丰富的，只要给予一个合适的环境，这样的人迟早会成功的。如果不是一个优秀的人，只是工于心计、拍马奉承，那么这样的成功是非常平庸的，这对于人生是没有什么意义的。即使在社会意义上不成功，但如果你是一个优秀的人，那么你的人生仍然是成功和充满意义的。

三、高贵——人格的骄傲

在古希腊、古罗马时代，"高贵"被看作是最重要的价值。但那种"高贵"不是指地位，而是精神上的高贵。

第欧根尼是希腊划时代的一位哲学家。那时候统治欧亚大陆的是亚历山大大帝。第欧根尼提倡人应该过简朴的生活，因此他也没有自己的房子，完全是一个乞丐的样子。一天，亚历山大大帝碰到第欧根尼，大帝对他说，我是大帝亚历山大。第欧根尼回答说，我是狗崽子第欧根尼。狗崽子是第欧根尼的绰号。亚历山大顿时肃然起敬，对他说，先生，我能帮你什么忙吗？第欧根尼说，你能给我做一件事，就是请你走开，不要挡住我的阳光。亚历山大就乖乖地走了，他边走边对侍从说，如果我不是亚历山大，那我愿意做第欧根尼。第欧根尼在物质上过着很简单的生活，但是在灵魂上他是很骄傲的。

对待他人也应该这样，不能把他人作为满足自己欲望的手段，把每个人都要看成是有尊严的人、有灵魂的人，让灵魂与灵魂相对待。所以，人与人之间应该普及尊严感，这样的社会才会是美好的社会。最后我想说，就一个人而言，最重要的是善良、丰富、高贵。我们应该有善良的心、丰富的心灵和高贵的灵魂，这样才是真正的人。我怀念这些品质，也希望现代的人具备这些品质。

（周国平）

侧 身

　　一个小胡同里，两辆小车相向而遇，胡同太窄，无法错车，其中的一辆车必须倒回路口，让另一辆车先通过，才能互相通行。好在胡同不长，倒回去并不难。可问题在于，谁倒回去？两辆车谁也不肯往回倒。一辆车的司机探出脑袋朝对方喊，你离路口近，你倒回去。对方也探出脑袋，大声说，我先开过来的，你明明看见我了，还往里开，应该你倒回去让我！僵持不下，谁也不肯往回倒，胡同就这样被堵了个严严实实。一个司机生气地说，我有的是时间，看谁耗得过谁！另一个司机愤怒地回敬，大不了请半天假，奉陪到底！两个人都将车熄了火，面对面地停着。一个司机坐在车里，打开音乐，闭目养神；另一个司机走下车，不停地打着电话。时间一分一秒地流逝，直到路人实在看不下去了，报警，警察赶到，强行将两辆车都挪开，胡同才恢复通行。这时，时间已经过去了一个多小时。

　　无论哪辆车倒回去，都用不了一两分钟的时间，却因为互不相让，而耗费了一个多小时，且各自都憋了一肚子的气。这么简单的一笔账，很多人就是算不过来。

以前在农村，经常看到一条窄窄的田埂上，两个挑着重担的人相遇，他们通过的方法简单而绝妙。其中一个人会站住，侧身，将肩上的担子横过来，与田埂形成一个交叉角。另一个挑担子的人，走到他前方时，也会将身子侧过来，使肩上的担子与对方的担子保持平行，让担子的一头先过去，然后，一只脚从对方身边跨过，顺势将肩上的担子挪移到另一个肩膀。这样，两个人擦肩而过的时候，肩上的担子也顺利地交叉、通过。那么狭窄的田埂，两个各自挑着重担的人竟然能安然无恙地通过，秘诀很简单，就是都侧一侧身，给对方腾挪出一点空间。而在交会的时候，两个人还会气定神闲地打个招呼，问候一声。

侧个身，既是给对方留下空间，也是给自己留下余地。一个多么简单的人生道理，却总有人不明白，或者不愿意，结果造成势不两立，两败俱伤。

有家单位拟在内部提拔一名干部，最具竞争力的两个人，能力、水平、资力，都不相上下，谁上去都有可能。竞岗演说、民意测试，又是旗鼓相当。暗地里的角逐开始了。从拉关系、说情，到送礼、请客，两个人都使出了浑身解数。事情发展到最后，两个人甚至互相写匿名信，举报、攻讦、中伤对方，一时间弄得乌烟瘴气，久战不决。其实，在当初讨论提拔人选时，领导层就已经考虑到了两个人的综合实力，拟提拔一名，再将另一名安排到一个职位相当的重要部门任职。孰料事情会弄到这样不堪的一步，上级决定舍弃这两人，而从另一单位调任一名干部。至此，两人不但都没有获得升迁，还成了仇人，并在单位落下了非常恶劣的印象和笑柄。

人生就是一条路，这条路，难免狭窄逼仄，甚或坎坷艰难，但路是人走出来的，路也是大家共同的。别人都有路可走了，你也才能有路。有时候，为相遇的人侧侧身，甚至退后半步，就会豁然开朗，海阔天空。

侧身，既是给身体挪点余地，也是给自己的心腾出一点空间。这颗心唯有空灵一点，通透一点、大气一点，才能包容人世万物。

（孙道荣）

旁观自己

"旁观者清，当局者迷。"

我很早就熟悉这句话，但从来没有多想过什么。后来读到"不识庐山真面目，只缘身在此山中"，加上身边的老人们说"人有三昏六迷九糊涂十二癔症"，就更不会要求自己多做什么了，反而常常想：迷就迷吧，谁让自己是"当局者"和"身在此山中"呢？

人在本质上是孤独的，也确实很难过完全清醒理智、看得清楚明白的人生。有人就以"难得糊涂"来自我安慰，然而有时候我们不妨学着跳出自己的"局"，旁观自己，于是多得一些清醒、清楚、清明，少一些迷茫、迷糊、迷失。

旁观自己，这怎么能够做到？累是自己的、苦是自己的、痛是自己的、愁是自己的、伤是自己的，这怎么能够置身事外？

是的，自己承受的、感受的、接受的，别人既不能替，自己也不能逃避，只有勇敢面对、迎身而上，所有问题都由自己扛。可是人生永远都有问题，以至于无穷，很多问题还没有唯一的答案。另外，并不是每个人都很幸运，身边时刻站着旁观者，随时为他指点迷津。这时候就需要自己当自己的旁观者，以另外一种心态、心情、心智来看待自己，哪怕换一种角度、眼光或思路也成，做到不执着、不封闭、不沉陷，更不以"当局者迷"为借口而失去再思考、再寻觅、再担当的勇气和智力。

人生既然是孤独的，那么就需要学会自己陪伴自己和旁观自己，既然旁观者是清的，那么自有其中的道理和方法。我们一旦掌握了这些道理和方法，就不必苛求他人时刻站在自己身旁提醒和启发自己，反而同样可以将自己当他人，以他人之目和他人之心来看来想自己面临的一切，而且有可能比他人更清楚，因为只有自己才能够时刻伴随自己。一路同行，旁观、反观、内观起来更方便，更知自己的来龙去脉和不足为外人道的奥妙。而有时候我们自己竟比别人迷，正是因为自己有意遮掩了这些来龙去脉和奥妙，失去了自己旁观自己的勇气和机会，只有自己先迷了，方显得旁观者清，而如果自己也是清的，旁观者的清也就变成了一种见证和启示——原来我们自己可以做到和别人一样清，自己清跟旁观者清的意义和价值是一样的。由己及人、由人及己、将心比心、殊途同归，这正是我们能够旁观他人和自己的"奥秘"所在。

曾经有一段时间，只有在小说中才出现的不幸降临到我的头上，我痛不欲生，想以极端的方式解脱而去。家人和朋友都在身边劝我，说："人人都有不幸，而你不是世界上最不幸、最无助的那个人"，"我们曾经经受过那么多痛苦，正是为了经受更大的痛苦，我们应该愈挫愈勇才是，因为我们有经验、有方法、有智慧"，"如果死是解决不幸和痛苦的唯一途径，那么人就不用降生了"……他们说了很多，也都很有道理，是旁观者的悲悯和智慧，他们当时比我更清醒理智。他们也痛苦过，又看到我的痛苦，由己及人，由人及己，将心比心，就会比一味悲观绝望、自我迷失的人更容易看到希望、生机和出路。他们是首先看清了自己，方才能够"旁观者清"，而我迷在当局，其实也是迷在自我，迷在内心。他们能够如此看，我也可以如此看。能如此看，便是旁观自己，便是靠智慧战胜了不幸和痛苦。

学会了旁观自己，当不幸降临时，我就会像旁观者那样多问问自己：这难道是你最大的不幸吗？难道非要你以极端的方式解决吗？当痛苦袭来时，我也会多问一些：这岂不是世界以另一种方式来吻你？将你以往的痛苦加起来，这个痛苦岂不太渺小了？也许你还不够痛，痛到极点时，你岂不会像壁虎一样断掉尾巴，再生新尾？如此旁观便多少有些解脱，感到自己在陪伴自己、自己在帮助自己、自己在提升自己，于是多了分力量，多了种别样的智慧，也多了些快乐和希望，如同一个朋友说："我美丽，便骄傲地挺起胸膛为世界带来美丽；我不美丽，便蹲在街头看让人心醉的美景——世界从未负过你我。"

旁观自己，就是有时候"身在此山中"也要看清"庐山真面目"。

（孙君飞）

人生"四看"

人生路上有四看：一看远、二看宽、三看淡、四看透。

一看远。看远是寻找目标，渴望飞翔，寻思境界，获得让自己深信不疑的理由。远望在视野上闪亮，目标在牵引中成长，飞翔充盈人生，境界提升人的形象。给思维插上联想的翅膀，就要打开心灵的门窗，走上山冈，站得高看得远，心地淡然，胸怀坦然，才能体会到一览众山小的乐趣，才可由近及远、由此及彼、由表及里地探索出惊人的发现。

人无远虑，必有近忧。一个被眼前美景所吸引的人，难以观赏到山外山楼外楼的壮观，往往在一味追求捷径时误入歧途；一个斤斤计较眼前得失而被蝇头小利所困惑的人，难成大器，难睹天外天江入海的气魄，往往是在自我放纵中自毁前程；一个无远见、无胆识、无耐心之人，难以除旧布新、难以无处生有、难以在'创'字上生辉，往往在自我满足、自我陶醉中虚度一生。

二看宽。即宽敞的思路、宽宏大量的胸怀。看宽，是平视。平视看人，对高贵者来说是一种品格，对卑微者来说是一种骨气；平视做事，是切入现实，是与时代并肩，是倾听岁月的乐章。这里，需要想得开一些，思维空间大一些，心胸宽阔一些，处事宽容一些，眼睛就会明亮一些。

如今，环境宽了、家居宽了、生活宽了，这个世界一切因宽而变了，为什么不能让我们的心灵也宽一些？在你身陷困境之时，在你对生活有诸多抱怨之时，不如去开阔你的心胸。如此，即使处在夹缝之中，也能看出广阔的天地；即使在日常熟视无睹的现象中，也能挖掘出独具慧眼的"处女地"。你不能延长你人生的长度，但你可以加宽你人生的宽度。只要心灵宽了，在博大的胸怀里，就可以给生活一份便捷、一片自然和一份健康。

三看淡。淡泊，不是没有欲望。属于我的，当仁不让，不属于我的，于金难动其心。它是人生的一种心情，一种固守生命本分的态度，一种人生轻松处世之执着不执迷，热望不奢望真谛。因而，胸怀淡泊人长寿，心平气和体健康。淡定，是固守自己的所得，珍惜自己的幸福，与世无争，简单而又快乐。

看淡，不是不求进取、不是消极退缩、不是没有追求、不是故步自封，而是坚守自己的信仰，以清醒的心智和从容的步履走过岁月，不断超越自我，追求更亮丽的人生。看淡，不是无所作为、不是抑郁自弃、不是随波逐流，而是让自己的心境远离尘嚣，离自然与平和更近一点儿，让自己与宁静更贴近一些，以一颗纯美、坦然和安详的心对待生活和人生。

四看透。看透，是俯视，是清醒地洞察与穿越时空。积极看透的人，不能光是用眼睛看世界，看多了，容易看破红尘，容易迷惑、被动、倒退、不思进取，而要用心灵去感知，才能看透世界。

看透，看轻浮华、看淡追逐，就知道自己能力所及、所不及，不退缩也不强求，方觉活得有滋有味。看透，金银财宝也不过尘土一堆，布服粗粮也是无上美味，美女如云也觉丑婆可爱。看透，正确地追求名利，方能利国利民，小可全身，开发人智，超越自我，大可推动社会前进。看不透，超出社会道德规范和法纪约束，不择手段地追求名利，无异于自掘坟墓。

眼看是重要的，心看比眼看还重要；动手是必要的，动脑比动手还重要；动脑是重要的，看远看宽看淡看透是必要的。

（宋守文）

宽容，最美的德行

　　宽容是一种大智大美，但这种资质绝非与生俱来，而是需要你用一颗向善的心去修养、去阅历。

　　宽容并非生而来之，以孔子为例，即便他说过"三人行，必有我师"，也难免有狭隘之心。"以言取人，失之宰予；以貌取人，失之子羽。"孔子因为他的弟子子羽相貌丑陋，就认为他没什么出息。而宰予因为"昼寝"，就被孔子骂为不可雕的朽木。好在子羽并未因此而沉沦，却刻苦奋发成为一代名士；宰予也并没有因为师父的批评而改变自己的利言之态，最后成为孔门十哲之一。相比之下，孔子的反思和自省自是一派圣贤风范，而身为弟子的子羽和宰予的豁达胸襟更是令人赞叹，如果他们心胸狭窄，就会在意老师对自己的看法，就会心中不平，甚至对自己失去了信心，自暴自弃。但他们没有因为老师的批评甚至苛责而一味地纠结，而是把它当成进取的动力。子羽成名后还是尊孔子为宗师，教导他的学生学孔学、尊孔说。所谓仁者无敌，我想真正的仁者都应该具备这种宽容的德行，宽容成就了自己，也净化、提升了他人的品行。

　　宽容是一种大将风度，一种统率三军的气场。当年的诸葛亮，七擒七纵孟获，终以一颗宽容之心打动了他。他征服的何止一个孟获，而是那一方的民心，更是后人的仰慕之情与他自己的千古芳名。

　　宽容是一种因爱而生的敬畏和责任。若真爱一个人，你就决不会在他离开你、背叛你时而心生嫉恨。这也许是最难做到的宽容吧？因为爱很多时候是自私的。楚王爱鸟，就把它关进笼子，虽锦衣玉食，终无法长久；牧羊少年爱鸟，把它放在心里敬畏，却让爱得到永生。

　　宽容是一种善行，甚至是以德报怨。中国有一句古话："冤冤相报何时了"。山东威海退休女教师李建华以一颗宽容之心面对持刀的19岁歹徒时，以德报怨。她眷顾的不仅仅是一种善行，更是一个年轻的灵魂。正如她所说：这个孩子不仅仅是他父母的孩子，更是这个社会的孩子。不善于去宽容别人不仅是一个人的不幸，也是一个民族的悲哀。

　　李白在《与韩荆州书》中说："人非尧舜，谁能尽善。"所以要宽容地去看世间万物，不要一叶障目。向远处看，怀宽容心，人生到处是夏花秋果。只低头看自己脚下的人，会常怀不平之心，那样你的人生会处处荆棘挡路，泪水相伴。人各有志，不要以一己之心度他人之量，也不要以他人之才量自己之能。

　　狭隘是宽容的反义词，而狭隘又是嫉妒的同义语。人无完人，嫉妒可以异化成狭隘，也可以蜕变成宽容。就像对一株品格之树的修剪，这种品质不是天生的，多是后天自己去培养。是让它舒枝展叶傲指苍穹，还是畏畏缩缩一事无成，这就要看你自己是把它当成向上的动力还是向恶的魔力了。

只要心无杂念，爱我所爱，尘世的缤纷永远扰乱不了一个有品格的灵魂，腐朽不了一颗怀清幽之念的心灵。心如莲花，便可以自由地出世入世而不染纤尘。

（草乡香）

低调做人赢得人缘

在一个群体里，如果一个人太在乎自己，便会不择手段地争取一切出头露脸的机会。结果，周围的人似乎都成了"敌人"，这个人则变成名副其实的孤家寡人。

记得单位里的牛女士，总是利用一切机会让人们知道她的存在。一位老兄遗憾儿子差两分没被清华大学录取，牛女士生怕没了机会："真是的，我那儿子也不争气，要升初中了，才考了个99分。"旁人不难看出，她到底是自贬还是自夸。

去年秋季，她办完调动手续，送行的只有一名例行公事的干部。她哭了，哭得很伤心，她把这一切都归结为"人走茶凉""人情薄如纸"。

牛女士的悲剧就在于太看重自己。生活中，与人相处的确是门学问。在一个集体里，"敌对"行为主要来自本来就存在着可比性的同事。假设在两个都是5个人的单位里，同样只有一个晋级指标，试想：乙单位的人是对甲单位晋级之人的嫉妒程度高，还是对本单位晋级之人的嫉妒程度高呢？这正如培根所说："人们可以允许一个陌生人发迹，却不能原谅一个身边的人上升。"这就给我们提出了一个问题，怎样才能在人际交往中立于不败之地呢？

聪明的做法是别太把自己当回事，缩小位差，这样可以在自己面前留下一片开阔地，使冲我们而来的竞争与嫉妒在这片开阔地减势。一个有修养和内涵的人，往往深藏不露。过分地张扬自己，不合时宜地过分张扬、卖弄，那么不管多么优秀，都难免会遭到明枪暗箭的打击，正所谓"出头的椽子易烂"，这些人其实在无形中把自己变成了众人射击的靶子。

不知您是否读过这个故事：有一位将军，在大军撤退时总是断后，回到京城后，人们都称赞他的勇敢，将军却说："并非吾勇，马不进也。"把自己断后的无畏行为说成是由于马走得太慢。其实，在人们心目中，"马走得太慢"根本无法抵消将军的英雄形象，而将军的谦和反而使他更加被尊重。放低调些，不图虚荣，沉静、稳重地行事，是一种助你深耕的力量。你会在深思熟虑后的一言九鼎中一鸣惊人。

其次，是看轻自己，不争功抢先。如果在一个群体里，特别是人才济济的圈子里，总把自己当主角，凡事都想露一手，结果可能费力不讨好。

有时说话不可太露骨：别以为如实相告，别人就会感激涕零。要知道，我们永远不能率性而为、无所顾忌，话语出口前，考虑一下别人的感受，是一种成熟的为人处世方法。

有一则寓言讲得好。两只大雁与一只青蛙在苇塘里结成了朋友。秋天来了，大雁要飞回南方，三个朋友舍不得分开。于是青蛙想了一个主意：它让两只大雁衔住一根树枝，然后自己用嘴衔在树枝中间，三个朋友一起飞上了天。

它们飞到空中，地上的青蛙们都啧啧称奇，羡慕地拍手叫绝。升到空中的青蛙感到飘飘然。这时有人问：是谁这么聪明？青蛙生怕错过了表现自己的机会，大声说："这是我想出的……"没说完，便从空中掉下来。

其实，不把自己当回事，是一种力量的曲径展示，是爆发前的积蓄和磨砺，是一种智慧，又是一种超凡脱俗、淡泊平和的境界。坦诚而平淡地看待自己，没有人认为你卑微、怯懦和无能，反倒是你可能在匍匐前进中出其不意地接近目标。

让我们记住诗人鲁藜的那句话：把自己当作泥土吧！老是把自己当成珍珠，就时时有被埋没的痛苦。

（吴友智）

克制，做人的良方

　　凡·高成为画家之前，曾到一个矿区当牧师。有一次，他和工人一起下井，在升降机中，他陷入巨大的恐惧之中，颤巍巍的铁索在轧轧作响，箱板在左摇右晃，所有人都默不作声，听凭这脆弱的机器把他们运向一个深不见底的黑洞，这是一种坠入地狱的感觉。事后，凡·高问一个神态自若的老工人：“你们是不是习惯了，不再感到恐惧？”这位坐了几十年升降机的老工人答道：“不，我们永远不会习惯，永远感到害怕，只不过我们学会了克制。”

　　说得多好啊，学会克制！

　　想一想，人活一世，有多少恐惧在咬噬着我们，有多少痛苦在折磨着我们，又有多少欲望魔鬼般诱惑着我们？而我们能够平平安安地活下来，不是因为我们的神经麻木了、欲望消除了，而是我们学会了——克制！

　　而我以为，人活一世，最要紧的是学会克制欲望。

　　人生怎能无欲望？更不必说害怕有种种欲望，重要的是，要学会克制欲望，尤其是对物质的占有欲，不要让贪欲压倒了自己。

记得民间有一个传说，说的是有一农夫在山野中挖到了一座价值连城的金罗汉。他的家人和亲友都乐不可支，可是农夫却整天愁眉苦脸。问他为何忧愁，答道：因为我不知道另外的17个金罗汉在哪里。应该快乐而不快乐的农夫，病因正是他不会克制而放纵了自己的贪欲。普希金《渔夫和金鱼》的故事也许大家都熟悉。那个贪心的老婆婆，也还是因为不会克制，从一只新木盆要起，渐次得到房子、财富、奴仆，甚至于做了贵夫人和女王，可是越得到越感到不满足，一次比一次要求高，最后竟要做海上的女霸王，终于又回到了最初的破房子和旧木盆边。因为克制不住贪欲，这个老婆婆最终连已经拥有的都一一失去。

几年前报端披露过一个案例。广东遂溪县原教委主任罗某，在他大学毕业至位居教委主任这20多年里，也曾一步一个脚印，踏踏实实地在教育战线上洒下了辛勤的汗水，但当他当到教委主任，帮人办了点事，先后三次收到"酬谢费"之后，金钱的巨大诱惑，使他克制不住贪欲，以后想找他办事，不送礼送钱便根本不行，礼轻了钱少了也不行。结果，罗友东窗事发。检察机关从他家搜查到的物品计有：高级名酒152瓶，人参燕窝等礼品300多盒，鱿鱼20多公斤，鱼翅30多盒，花生油300瓶……受贿金额达28万多元。

罗某当然受到了法律的制裁，比起那个贪心的农夫和普希金笔下的老太婆下场更可悲。其实，从生活的角度来说，这么多赃物，罗某夫妇肯定消费不了，但罗某还是要。这时的罗某，占有就是一切。于是，赃物堆满了房子，他还是逼着求他办事的人向他行贿。无休止的贪欲，使得他已经难以自拔了。

一个人，如果不会克制自己的欲望，那么，只能再次证明一个成语的正确性，这就是"欲壑难填"。人，当然不可能没有种种欲望，也不可能真正去除所有欲望。否则，人类的进步与发展也就不大可能了。但是，面对欲望这一把高悬的双刃剑，人实在是应该学会克制自己的私欲、贪欲。如果放纵自己的私欲、贪欲，以不正当手段，甚至不惜以损害他人利益和违反法律，不择手段地获取别人或社会的财富，来满足自己，以至贪得无厌，其结果不是暴死在光无化日之下，就是身陷监牢了！他们的可悲下场，只能证明，无止境的欲望必然导致犯罪，物欲的极度贪婪与渴求只能使人蜕变成为两条腿的动物。

据说，当年，哲学家苏格拉底逛遍了雅典街头的货物摊，却惊讶地感慨："这里有多少不需要的东西呀！"

一个人，如果能正确地看待欲望，在追求欲望的问题上，能够看得开，能够理智地控制自己不该有的、或不可能实现的欲望，就会免去许多浮躁、许多烦恼，活得坦荡、活得超脱、活得快乐而幸福！

（吴勇敢）

做事须有度

　　每个人都有展示自己才能、德行的权利，有才华可以尽情展露，有嘉言便可以道出，有懿行也可以自然表现。但是，我们生活在社会群体之中，怀珠不露，嘉言懿行不彰显，固然不足取，然处处炫耀，如孔雀动辄展示自己的羽毛，做得太过火，以致失真走味儿，也是不合适的。怀珠握瑜而秘不示人，锦衣而夜行，自己的可爱之处不得展示，便不会被人们所尊重和赞同，谁愿意与一无所取的人相知共话呢？然而，到处炫耀自己，处处时时表现自己技压群雄之优势，目中无人，同样也会让人反感，令人不愉快。

　　可见，在生活中，我们要活得潇洒，活得有人缘，做事便不能无所顾忌、任性而为，而要掌握好"度"，既不能"不及"，也不能太"过"。古语云：过犹不及。就是说，"不及"固然会令人不满，而太"过"亦会让人生厌。

　　但是，生活中，常见一些人做事，易失其度。故而或被人轻视，或被人视若狂妄之徒。

　　被人轻视，大多由于处事未能达到一定的准则：本可干成之事，你却不去努力争取，结果失去了时机；别人有困难，你举手便可为他分忧解困，你却不主动，让人觉得你缺乏同情心；在别人诽谤之时，你本可据理相争，为自己讨个公道，而你却畏畏葸葸、窝囊忍受、敢怒不敢言，给人以软弱无能的印象，让人看不起，遭人白眼；心中有怨愤，只是窝在心里；大家认为你有才能干某事，你却推辞作谦；凡事皆退一步想，被赞扬你无所表示，遭诬陷你胆怯不分辩。诸如此类，皆没有在做事中达到应有的准则。这样，人们自然会看不起。

反过来，在生活中，你处处显能争胜，为达目的，用种种过火的手段，欲赢得人们的称赞，也会适得其反，被人耻笑。

流沙河先生在《新民晚报》撰文言及国学大师黄侃之父黄云鹄的行为，便有做事过火之嫌。

黄云鹄在清末入蜀为官，为了作出亲民姿态，便终日敞开署衙大门，以迎百姓观览。于是便有小贩挑担在署衙大声叫卖。他为了表示自己的孝心，在绵雨之中，去郊外迎太夫人，穿官袍，经过烂泥之中，还叫下属随他一同跪下，弄得污泥满身。他又亲自与壮婢抬轿，让太夫人游园。黄云鹄去成都做官，拜印之时，他忽然抱印大哭，众大小官员面面相觑，不知何故，便询问。他解释说："上次回成都，老母还在世，这次来，母已不在。因而触景生情，就禁不住伤心泪下。"询问者摇头说："哭亡母应有时，何必在官场上号啕呢？"

　　显然，黄云鹄的举动实在太过火了。欲亲民只要真心以待，敬民如父，百姓自会心领神会，把官署弄得如同自由市场，大可不必。为表孝心，什么不能做，偏要跪烂泥、亲自抬轿，又抱印号嚼于官员面前以明自己是在念亡母。说白了，这一切做出来，或许也有真情，然而，这些举动让人觉得不过是做出来给大家看的。即使情真意切，但也不乏矫饰之情。而这种矫饰过火的举动，遭人非议，似也未必是众人不恭。

　　事实上，做事要把握好度是比较难的。但是，只要努力去实行，也未必不能做到。周恩来总理在外交活动中风度翩翩，说话行事皆能灵活自如却又不失其规矩，故而许多轶事皆被人们传诵、例如有一次，一个外国人问周恩来："中国人为什么走路常弯着腰？"不论这是否是事实，但其问话中包含着对中国人的轻蔑似毫无疑问。面对这种貌似平和而内含利刺的问话，避而不答是畏缩，径直发怒是失礼。而周恩来却笑着说，因为中国人在走上坡路，故而弯腰而行；你们西方人挺直腰杆，实因在走下坡路。一语双关，既得体又不失其度。又如一次外交活动中，周恩来同外国人握手毕，外国人掏出手帕擦了擦手，而后将手帕装入衣袋。这一细小的动作并未逃过周恩来的眼睛，他即刻掏出手帕，擦了手后扔进了垃圾箱里。这种行动，显然是对外国人的不恭的有力回答，但由于他做得温文尔雅，在不言中显示出民族的尊严，故而令人肃然起敬。两例虽是轶闻，但颇见总理风范，也告诉人们：有度，就是有理、有节、不卑、不亢。

在我们生活中，要既赢得人们的尊敬，又让人们愿和你相交相知，就必须掌握好做事的度。既不能达不到标准，也不能超过人之常情。尤其不要像黄云鹄那样，用过火的行为沽名钓誉，做出一些稀奇古怪令人哂笑的事来。而应像周恩来那样，凡事既不卑不亢，又能柔中含刚，灵活机智而不逾矩。这样，才能成为一个在生活中受人欢迎的人。

（田永明）

人生难得是诤友

在人生旅途中，谁也离不开朋友。对于在关键时刻朋友的解囊相助，或为自己两肋插刀的义举，人们往往感动不已，由衷地说：够朋友！其实，够朋友的还远不止这些，还有一种更值得我们追求的，那就是敢于直言规劝的诤友。

诤友之所以可贵，就在于他们能以高度负责的态度，坦诚相见，对朋友的缺点、错误决不粉饰，敢于力陈其弊，促其改之。诚如古人所云"砥砺岂必多，一璧胜万珉"，其意是说，交朋友不在多，而贵在交诤友。如果人们能结交几个诤友，那么在前进的道路上，就会少走弯路，多出成果，事业发达。

然而，在各种各样的朋友中，最难结交的便是诤友。

从人们的接受心理看，谁都愿听赞扬话，不愿听批评话，听了批评人们会反感。然而，诤友的特点之一就是敢于说批评话，勇于指出朋友的不足，这样一来就可能让朋友不高兴，甚至得罪朋友，闹得彼此不愉快。故此，有些人不敢做诤友。当他们面对朋友的缺点不足时，即使看到了，也很少有勇气直言指出，或者对问题佯装不见，睁一只眼闭一只眼，采取"多一句不如少一句"的态度，特别是对于那些讳疾忌医的朋友更是如此。可见，从一定意义上说，要做诤友必须首先战胜自己，突破怕得罪朋友的心理障碍，树立仗义执言的大无畏精神。

有两个青年从小在一起上学，关系一直很好，无话不说。后来他们一起进入一家公司工作，其中一位进步快，升为副总，另一位依然是普通员工。随着地位的变化，这位副总的架子大起来，说话口气也不同了，常常自以为是，往往听不得不同意见。下面的员工当面对他逢迎讨好，在背后却对他颇有微词。那位依然做员工的朋友每每听到下面的议论就想给他提个醒儿，可是几次走到他的办公室外又退了回来，他想人家正红着，自己却说他的不是他能听进去吗？经过一番思想斗争，认识到既然是朋友，我就有责任提醒他，听不听在他了。于是，他鼓起勇气向他进言，直言不讳地说："我看你的头脑有点儿发热，想给你泼点儿冷水。大家都说你有些飘飘然，听不得不同意见，这是要跌跤的！"副总不以为然。他继续说："你事业上成功这不假，可是人不可能一贯正确。如果你总是自以为是，迟早要碰壁！"副总脸色有些难看。过了几天，副总主动找到他，真诚地说："好久没有听到有人这样敲打我了，你的批评我接受。事业做大了，就怕没人敢说实话，还是老朋友敢于直言！我真诚地说一句：谢谢！"

这位普通员工的诤言是肺腑之言，又是苦口良药，一针见血，叫人出汗，使人难受，但却能让人清醒，根治毛病。所以，自从那次不留情面的批评之后，副总处世态度发生了很大变化，他还把毛泽东的"虚心使人进步，骄傲使人落后"作为座右铭，高挂墙上，借以自勉。

从这个事例我们可以看到，有勇气口出诤言，完全是受对朋友的责任感的驱使。换言之，人们直言的勇气来自对友谊的珍视和对朋友高度负责的态度。朋友虽然不是谁任命的，但是朋友关系一旦建立，彼此就有了一种道义上的责任，就应同心同德、休戚与共、高度负责。有了这种思想基础，人们才可能关注朋友的言行举止，为朋友的成功而自豪，为朋友的失败而惋惜，为朋友的错误而焦虑。一旦看到朋友出现问题，就如鲠在喉，不吐不快，不管对方爱不爱听，都会直言进谏，甚至与之"红脸"，批评指正，必欲使其改正而后快。

俗话说"衣冠不整，朋友之过"，如果对朋友的问题视而不见，顾虑重重，不敢直言，那是不负责任的态度，是对朋友的失职，就是不够朋友。可见，做诤友关键是要有责任感，有了责任感也就有了直言的勇气。

再从另一个角度看，人们接纳诤友也很难。听到刺耳的诤言，人们会心里难受，面子上难堪。有的人对诤友的批评不予理睬，甚至十分反感。特别是那些有成就有地位的人，听顺耳之言多了，对于朋友的反面意见，往往感到很不舒服，以为是和自己过不去，给自己闹难堪，于是表现得情绪激动，甚至发火，把人家顶回去。这是很不明智的。这种态度只会伤诤友的心，破坏彼此的关系，最终失去诤友。

正确态度应该是从善如流，不管诤友说得多么难听，都应理解其积极动机和善意，包容其直率，认真听下去，并进行反思，有则改之，无则加勉。即使诤友的说法有些片面，也不必计较，应从内心感谢诤友的真诚和关照。如此处置就能拉近彼此的心理距离，不断从诤友的"斧正"中受益。

当然，面对诤言有时人们也会控制不住自己的情绪，对诤友发火，但事过之后应马上道歉，挽回损失。陈毅元帅就有这样的经历。有一次，他的朋友苏北参政员施文舫当面批评他偏听偏信，他一时听不进去，很生气，发火批驳。回到家里他冷静下来后，感到自己态度不好，对不住诤友，马上到施家登门道歉。后来，陈毅赋诗一首，把这一段感受记录下来，诗中道："难得是诤友／当面敢批评／有时难忍耐／猝然发雷霆／继思大不妥／道歉亲上门／于是又合作／相谅心气平。"总之，面对诤友的批评我们应提高心理承受能力，保持宽容的雅量，对于领导者来说尤应如此。

最后还应指出，我们说诤友可贵，绝不是说不管什么事都可以对朋友吹胡子瞪眼。诤友之间有两点须特别注意：一是朋友对朋友提出批评要看问题大小，不宜事事指点评说。通常只在大是大非问题上给朋友提醒，坦诚相告。二是要从效果出发，指出问题也要讲究一点策略和讲话方式，如果能以良言甜口方式指出朋友的问题，那效果就更好了。

（高永华）

珍视信任

人与人相处，信任是最重要的。只有信任，才有合作，才会发展，才能进步。

对于具体人而言，"信任"的内涵分为两个层面：信任和被信任。一旦信任与被信任倾心相撞，就将释放出不可估量的动能，相互推进，共同攀升。

信任是用宽广而真诚的胸怀浇铸的，它具有惊人的力量。三国时期，诸葛亮隐居南阳，躬耕陇亩，"苟全性命于乱世，不求闻达于诸侯"，乐于布衣的淡泊生活；可是当胸怀雄踞一方之志，急于招贤纳士的刘备不顾声望、地位、身份的悬殊，三顾茅庐，登门拜访时，刘备的谦恭和信任终于感动了他，为感谢刘备知遇之恩，他忠心耿耿地辅佐刘备的宏图大业，鞠躬尽瘁，死而后已，成为千古佳话。

清朝时，苏州吴县有个叫蔡磷的商人，以重承诺、讲信义著称。有位朋友把千金寄存他家，没有留下任何凭证。不久，这位朋友病故了，蔡磷就把朋友的儿子叫来，交还这笔重金。朋友的儿子说："没有这回事，这么多的金子能没有个字据吗？再说，家父生前从未对我提及这件事。"朋友的儿子不愿平白无故地接受这千金之资。蔡磷听了，笑了笑说："字据在我的心里，不在纸上，这是因为你父亲了解我的缘故，所以他没告诉你。"两个讲信义的形象，多么鲜活生动，感人至深！

政治家之间要相互信任，朋友之间要相互信任，同样，企业经营也需要用良好的信誉赢得顾客的信任。商店门前"信得过单位"的牌匾，给商家带来巨大的经济效益。在伪劣产品到处泛滥的今天，能够不欺不诈，保质保量，在人们心中有一个守信誉的良好形象，无疑是商战中的胜利之本。其他诸如艺术家为观众服务，军人能战斗、爱人民，都是得到信任和爱戴的根本所在。

信任是人的精神需要，得到信任就会有一种满足感。人的最高层次需要，不是吃珍馐佳馔，穿绫罗绸缎，不是住豪华别墅，乘香车宝马，而是自身价值的充分体现。对一个人的信任，说他讲信义，守信誉，就是对他人格的看重，价值的肯定。"信"字是人际关系中最值得珍惜的东西。所以古人有"与朋友交言而有信""大丈夫一言既出，驷马难追"和"人而无信，不知其可也""言必信，行必果"的名言，从不同的角度说明信任的深刻内涵。

在历史上也有因缺乏信任而时时事事猜疑忌恨，变成孤家寡人而铸成大错的。楚汉相争时，"力拔山兮气盖世"勇武无比的项羽，因器量太小，疑心太重，"于人之功无所记，于人之罪无所忘"，总是对别人的错误、过失耿耿于怀，逼得周围的一些能人贤士"择枝而栖"，最后落得个茕茕孑立，四面楚歌，走投无路，在乌江岸边，自刎而死。与其相反，刘邦豁达大度，心胸宽广，表现出非凡的气度。当有"盗嫂""受金"等劣迹的陈平投奔他时，因爱其才，"不以一眚掩大德"，力排群臣的异议，不仅接纳了他，还予以重赏，拜为护卫中尉留在身边。后来，陈平为汉王朝的建立立下汗马功劳，信任产生了惊人的力量。

当然，任何信任都不是盲目的。它总是随着人们的行为、情感、效益而产生，既要有伯乐的慧眼，也要有管仲的真诚。特别是在人心浮躁，功利盛行，私欲膨胀的今天，"信任"情感的释放必须以冷静观察、反复实践、真诚了解作基础。方志敏同志在监狱里偷偷写下了《可爱的中国》《清贫》等文稿，在他知道自己就要被杀害之前，夜不能寐辗转反侧地思考文稿的处置。思来想去，最后他想到了从未晤面的鲁迅，认为鲁迅是最可信任的同志。结果，鲁迅冒着生命危险，几经周折，完成了方志敏的嘱托，这种信任是真诚而无价的。

由此看来，值得别人信任，信任别人，是人生的一种境界。值得别人信任要靠一种人格的力量，善于信任别人是人生的一种追求，学会信任则是人生的课题。任何真正的信任都值得我们珍视。

（傅振亚）

安于简朴的生活

　　如果一个人太看重物质享受，就必然要付出精神上的代价。人的肉体需要是很有限的，无非是温饱，超于此的便是奢侈，而人要奢侈起来却是没有尽头的，温饱是自然的需要，奢侈的欲望则是不断膨胀的市场刺激起来的。你本来习惯于骑自行车，不觉得有什么欠缺，可是，当你看到周围不少人开上了汽车，你就会觉得你缺汽车，有必要也买一辆。富了总可以更富，事实上也必定有人比你富，于是你永远不会满足，不得不去挣越来越多的钱。这样，赚钱便会成为你的唯一目的，至少是主要目的。在这种情况下，即使你是画家，你哪里还顾得上真正的艺术追求；即使你是学者，你哪里还会在乎科学的良心？

　　所以，自古以来，一切贤哲都主张一种简朴的生活方式，目的就是为了不当物质欲望的奴隶，保持精神上的自由。古罗马哲学家塞涅卡说得好："自由人以茅屋为居室，奴隶才在大理石和黄金下栖身。"的确，一个热爱精神事物的人必定是淡然于物质的奢华的，而一个人如果安于简朴的生活，他即使不是哲学家，也与之相去不远了。　　（周国平）

问心可有"愧"

古人常有"愧"。

唐诗人韦应物（寄李儋元锡）诗中就有这样的句子："身多疾病思田里，道有流亡愧俸钱。"目睹许多老百姓不得温饱，流浪异乡，想到自己这个当官的却还在拿着国家的薪水，病中的诗人禁不住深深地自责自愧起来。无独有偶，唐另一诗人白居易诗中也有类似的句子："田家少闲日，五月人倍忙……今我何功德，曾不事农桑，吏禄三百石，岁晏有余粮，念此私自愧，尽日不能忘。"面对着农民们冒着暑热辛勤割麦的场面，耳边回响起捡拾麦穗充饥的贫苦妇人的诉说，诗人对自己的不事农桑却"吏禄三百石"也同样地深感惭愧。

"愧"意从何而来？我想，一方面是韦应物白居易这样的有"愧"之人对下层人民的不幸遭遇和苦难生活有着深切的关注与体察，并怀有深厚的同情。诗人自身坎坷的政治遭遇使他们有机会贴近下层人民的生活并加以了解。更重要的一方面是这些有愧之人能够把老百姓的颠沛流离、社会的动荡不安与自身应承担的社会责任联系起来。对于他们来说，有了官职，有了俸禄，有了身份地位，有了衣食不愁的安逸，也就有了一份对国家对民族、对天下老百姓的责任。在责任面前，他们不回避，不退却。因此，国家的灾难，民族的不幸，老百姓的饥寒便给忧愁的诗人们带来了一种良心上的不安，带来了一种灵魂深处的歉疚与愧意，使他们"穷年忧黎元，叹息肠内热"，也使得他们即使在个人被贬遭谪的不幸处境中也会"为官一任，造福一方"，保持自身的清廉与正直。由此看来，"愧"意只存在于那些有良心、有同情心、有道义感、有责任心的人们心里。

"愧"是一种真情，一种先天下之忧而忧的胸襟。只有心中装满人民唯独没有他自己的人，心中才长存一个"愧"字，也只有今日的有"愧"才会有明日的无"愧"。深入生活，深入群众，了解群众的生活情感，使自己常常有"愧"，我们才能在自责中自醒自励自强，才会真正地无愧于祖国与人民，无愧于时代与子孙，无愧于五千年辉煌的文明。

（张克言）

你的尊严要靠你自己争取

事情发生在我从学校毕业踏上工作岗位还不到三个月的时候。

那天一早，刚上班的我照例在打扫办公室的卫生，办公桌上的电话响了起来，我抓起了话筒。"喂，是办公室吗?"仅一句话我就听出了是公司车队李队长的声音。虽然刚刚分来，对公司里甚至办公楼里的绝大多数人员我都不很熟悉，但对车队李队长的声音却非常熟悉，因为他的电话最多，无论大事小事他都喜欢往办公室挂个电话。"是啊，什么事，李队长?"我应道。"我们车队要开交通安全学习会，请通知小车司机来参加。"我们公司货车、小车是分家的，货车归车队管，几部供领导用的轿车由公司办公室调度。"既然是你们车队的会，那你们帮我们通知不就得了。"车队办公室在办公楼一楼，而公司办公室在三楼，我知道司机们没事儿时大多都是在楼前停车场转悠的。我的回话含有"我们已经知道，不如你们趁便代劳通知"的意思，何况我也正忙。没想我好端端的一句话却引来了对方劈头盖脸的一顿斥责："你不能通知就说不能通知嘛！什么你们我们，你以为你是谁呀！"后面的那句粗话一连重复了几次。我想对方可能误会了，他一定以为我刚分配来凳子都没坐热就想摆办公室的架子。其实哪有这回事呀！我赶忙分辩；"你误会了，李队长，我意思是……"可是容不得我插话，对方连珠炮般的责骂简直让我喘不过气来。我只好对着话筒说一句："那你看着办吧！"就挂断了电话。

放下电话后我越想越不是滋味。刚来上班就莫名其妙地被别人臭骂了一通，而且我连分辩的机会都没有。整个上午我的心情都好不起来，真想马上跑下去跟他理论一番，但又想到主任的多次叮咛：办公室是经常受气的部门，职工有意见，领导心情不好，都有可能向你发泄，所以办公室人员度量要大一点，要受得住气。想到这里总算按捺住自己，但心里还是打定主意；我一定要找个机会平心静气地告诉他，他今早的那些话已经深深地伤害了我，叫他以后别再这样。

恰巧，中午下班的时候就在停车场前碰到了他。我知道他也发现了我，但他装着没有看见我。我迎着他走过去，目光坦然地看着他的脸，然后尽量用平静自然的口气跟他打招呼。他这才转过脸来向我点点头，但是脸上有尴尬的神色。我说："李队长，今早你一定误会我的意思了……"我的话才说了半截，他就急忙反驳："我没有误会，是你误会了我的意思。"一下子我觉得我已经没有分辩的必要了。不得不承认，这个世界就是有那么一些人，他明明有错，却不肯承认，他从来不会向别人说"对不起"，甚至在别人给他台阶下的时候，他也不肯往下走，不但不领情，说不定还要倒打一耙。对于这种人，你没事不要去招惹他，而且还要提防他无事却要找你的碴。

你只要让他明白：我不是可以轻易掂量的人，这就够了。最后我就对他说："不管是谁误会谁，李队长，我只是想告诉你，你今早的那些话已经伤害了我！"缓慢清晰地说完这句话以后，我就头也不回地走了。

说来也真奇怪，经过这么一件小事以后，李队长对我竟然客气起来。像我这样20出头的年轻小伙，他一个40多岁的中年人竟然用平辈的礼节来称呼，以前喊我"小黄"，现在变成了"黄秘书"。其实呢，我推崇"不卑不亢"的处世原则，我对他的态度不会随着他对我称谓的改变而改变，也不会利用自己的职务之便，在以后的工作中对他搞什么小动作。只是从这一称呼的微妙变化，我知道至少在他那里，我赢得了平等、健康的人际地位，仅这一点就足够了。

通过这一件小事，我悟出：人都有自己的人格和尊严，而这些都是靠你自己去争取的，不是别人拱手送给你的。换言之，你应该用自己的行动去告诉别人应该怎样对待你，只有这样，真正平等、健康的人际关系才会建立。一味顺从、迁就和屈服是不可能赢得真正平等的人格和尊严的。

南来北往，境内域外，谋生经商，天天和各种各样的人打交道，如果没有健康正确的人际交往的心态和方法，是很难在这个社会上挥洒自如，得到你本该得到的一切的！

（黄家强）

多自省少贵人

　　不顺心的事情多了,难免怨天尤人,这可以理解,却不宜倡导。事情顺不顺,客观的确起很大作用,有时甚至起不可抗拒的作用,但主观也不可轻视,难道你的主观真的完善到无懈可击了吗?

　　因此,留一点时间,定期或不定期地深刻反省自己,我以为太重要了。这样的事情,不需要别人"布置""安排""督促""检查",而必须绝对自觉,真正从心底里意识到这样做的积极意义。

　　自省固然需要肯定成功,以坚定继续迈向成功的信心。但更多的则是要检讨失误,以减少失误的出现。对于失误所引发的后果,则只能面对现实,寻求解决的办法。凡现实都是客观存在的,对客观存在你只能正视,不能无视。

　　千万不要迁怒于人。即使确有若干人为的因素,也不必去锱铢必较,小鼻子小眼睛。一味责人是怯懦的表现,勤于自责则有利于展示信心和力量。

(欧阳斌)

把握社交中的三个"分寸"

分寸之一：骄而不傲

提起骄傲，或许人们会想起关羽大意失荆州、马谡轻敌失街亭等历史典故，或联想起身边那些自高自大、待人傲慢、目中无人，甚至误认为"世人皆浊，唯我独清"的同事。因为在人们的心目中，骄傲是一种不受欢迎的情绪反应。

其实，骄傲并非像一般人所认为的仅有害而无益。适度的"骄"，可以使人精神振奋，意志力增强，敢于藐视困难并接受困难的挑战，这从根本上表现为自尊和自信，过度的"骄"，才会由自信转为自负，表现出自高自大，言行放纵，目中无人，甚至目空一切，这才真正成为让人所不齿的"傲"。从现实角度看，许多有作为的人，都曾背过"骄傲"的骂名，俗话说"骄兵必败"，但这些人为什么没有因骄傲而失败，反而功成名就了呢？原因就在于这些有作为的人总是充满自信，而有些人却将他的"自信"当成了"骄傲"予以贬斥。所以，在与人交往中，应充满自信，切不可让"骄傲"捆个结结实实。要使它有益无害，关键是要做到"骄而不傲"。

分寸之二：谦而不虚

不知你是否听说过这个故事：相传古时有一老者生有三个女儿，个个貌若天仙。但每当有人同他谈起他的女儿时，老者总是非常谦虚地说自己的女儿相丑性笨。久而久之，方圆百十里内都知道老者家养了三个丑女儿，结果到了二三十岁还嫁不出去。

可见，谦虚也同世间万事万物一样，具有"好"与"坏"的双重性。环顾我们周围，不少人也并没有真正理解谦虚的本意，把谦虚错误地理解为自己行的说成不行，会的说成不会，好的说成不好，从而使得不少大好时机从这过度的谦虚中白白溜走。所以，要正确把握谦虚的分寸，行的就行，会的就会，好的就好，实事求是地在人面前显示出一个真正的自我，做到"谦"而不"虚"，才有可能"谦以受益"。当然，显示出真正自我的同时，要切记不以才压人，不恃才欺人，不夸夸其谈，故弄玄虚，更不忘乎所以，以你的才华为社会造福，为别人解难，你才会成为一个深受欢迎的人，你才能充分展示自己的魅力与价值。

分寸之三：争而不斗

竞争是现代社会的主要特点之一。不少人在竞争中，不论输赢，最后都会从竞争的对手变成生死对头，互相嫉妒，互相拆台，互相制约，斗的结果多数是两败俱伤，谁都难以发挥出自己应有的潜力。

其实，竞争的白热化状态不应是斗争。美国哈佛大学心理学教授乔治·赫华斯博士认为，一个人事业的成败在于人品的优劣，他把"与同事真诚地合作"列为成功的九大要素之一。由此可见，一个人要想取得竞争的主动权，立足社会，有所建树的话，就必须做到争而不斗，争中谋合。如何才能把握这一"分寸"呢？

首先是要学会欣赏别人，愉快地接纳别人。俗话说"天外有天，山外有山"，一个人不可能样样行，更不可能样样都超过别人。当别人在某些方面超过自己时，如果我们能愉快地接纳这个事实，并学会欣赏别人，赞扬别人，虚心向别人学习，而不是把别人的成功当成对自己的威胁，加以拒绝和嫉妒的话，很可能别人会从你的赞扬和欣赏中对你产生好感，从而双方从竞争的对手变成合作的朋友，互相取长补短，变一减一等于零为一加一大于二。

其次要学会理解和谅解别人。合作中难免有分歧或误会，当与人发生矛盾，意见有了分歧时，一方面要学会站到对方的位置上想想，想想别人的难处，想想别人的利益，或许就能理解别人；另外，要学会从各个方面权衡利弊，缩小分歧，消除误会，在求同存异中继续密切合作。

再则要学会与人分享。常言道："挣钱容易分钱难。"创业时目标一致，往往会齐心协力，一旦事业有成，利益分配时，就会各想各的事，造成意见和分歧。所以，一个人要想最终获取成功，还必须学会与人分享你的成功，切忌斤斤计较，自私自利，一心想独吞或多占成果。否则，你将会众叛亲离。古今中外，这样的教训比比皆是。

（马从伟）

尊严无价

马克·吐温曾说："人是唯一知道羞耻或者需要羞耻的动物。"我认为，人之所以为"人"，还在于有着比羞耻具有更高价值的尊严。如果说，人与人在诸如禀赋、智商、能力、知识等等许多方面难免会有差异的话，在人格的尊严这一点上则是不存在任何差别的。身居高位者有尊严，地位卑微者也有着同样的尊严。尊严是做人立世的根本，是人之魅力所在。

纵观古今，凡具有崇高尊严的人，其人生轨迹无不闪耀着绚丽的人格光彩，不仅深受世人敬重，就连敌对的人也是佩服的。明末兵部尚书史可法坚守扬州时，清军多次招降，都被他断然拒绝。城破被俘后清多铎亲王又多次劝降，但他自尊自重，宁可身首异处也不低下那颗高贵的头。后虽遭杀害，但清人却十分崇敬他的人格尊严，特赠他"忠正"的谥号。抗日英雄杨靖宇，不为敌人的高官厚禄所诱惑，在他壮烈牺牲后，日军指挥官气急败坏地下令解剖了他的尸体，叫嚷"要看看他吃的是什么东西，是什么在支持着他？"他们把杨将军腹腔打开后，在肠胃中竟找不到一粒粮食，只有树皮、草根和棉絮。面对中华民族这位忠贞坚强、气节高尚的伟大英雄，就连残忍的日本兵也不禁肃然起敬！可见，尊严的本质意义不在于你拥有了什么，而在你不低下头颅、屈下身子去得到什么。从这一点来说，尊严之于人生的价值是无价的。

莎士比亚曾慨叹："失去了尊严，人类不过是一些镀金的粪土、染色的泥块。"人一旦丢掉了尊严，就会变得十分卑微渺小，不但令世人不齿。

尊严是一个人精神和人格的骨骼，人的躯体是靠尊严来支撑的；尊严又是一个人灵魂的杠杆，人的形象与气质是靠尊严来塑造的。人也许什么都可以舍弃，而唯独尊严不可失。只有活出了尊严的人，才对得起"人"这个称号。愿人人都懂得尊严的可贵，自重自爱，让人格的大厦永远高高耸立，抒写人生壮丽的篇章！

（曹菲）

守住小节成大业

　　"小节"虽小，但影响颇人。有如"千里之堤，溃于蚁穴"，不可轻视。

　　现在，我们有些领导干部仍然受"小节无害"论的影响，无论在用人上，还是对自身的要求上，总认为小节问题无关紧要，只要大节不失就行。实际上，有些领导干部从人民公仆堕落成腐败分子，大都是从守不住"小节"开始，在小事上打开缺口，先由看不惯演变到看得惯，再由不敢于发展到跟着干，最终因贪小便宜而忍不住去索贿受贿，进而由"小节"不守发展到大节有失。这个由量变到质变的过程，就是犯错误干部的共同规律。

　　一个人一生事业成功与否，往往就在于一些不为人所注意的"小节"上。古人道："勿以善小而不为，勿以恶小而为之。"这是历史经验教训的总结。亚历山大大帝的父亲腓力二世，本来是一位雄才大略的君主，不料正在他准备统领马其顿大军策马东征之际，突然被其亲近侍卫刺杀身亡。原来，这个侍卫跟他的一个恃宠而骄的妃子发生争执，侍卫就向他诉苦申告，他当时正忙于接见各国贵宾，一个小小的侍卫何必去理睬？他随意申斥几句便不再理会。侍卫气愤难消，竟拿起佩剑当场把他刺死。相反，我们敬爱的周总理一次在国宾馆看到工作人员把口水吐到了地毯上，他并没有去训斥，而是亲自用手巾把口水擦掉。身教胜于言教，小事中见伟大。我们每一位领导干部，要想成就一番事业，应从大处着眼，小处着手，要知道，"千里之行，始于足下"。

那么，领导干部怎样才能守住"小节"呢？

其一，要加强内部管理，优化周围环境。"堡垒最容易从内部攻破"，往往内部管理不当是领导干部"小节"失守的重要因素。因此，领导者必须加强自己内部的管理。首先要管好自己，做到不奢侈、不浪费。不要看到别人怎么做，自己就想跟着学；其次要管好家人，一般人都喜欢从领导干部家庭成员中打开贿赂的缺口，所以家人是领导干部"小节"的守门员，切不可放松管理；再次要管好身边的工作人员，而且领导往往是对他们放心有余，警惕不足，一旦他们想在小事上打开口子是相当容易的。因此，加强对他们的管理，优化了周围的环境，一般就能避免领导在"小节"上出现问题。

其二，要加强人格修养，保持慎独精神。常言道："欲影正者端其表，欲下廉者先立身。""端表""立身"均属人格修养问题。领导干部要时时处处端正自己的形象，特别在独处无人知晓时更要谨慎不苟，要经常检点自己的行为"小节"。因为小事情常常体现着大道理，人民群众评价干部人品的好坏主要是从他们身边看得见、摸得着的看起来是些小事上面作出判断的。因此，领导干部特别应注意加强人格修养，时刻保持着慎独精神，做到无人知道与有人知道，无人监督与有人监督一个样。这样才能守住"小节"。

其三，要加强党性锻炼，树立"天下为公"思想。先进的党性与高尚的人格是统一的，党性作为政党的本质特征，不仅贯穿在党内活动的各个方面，而且体现在党员的具体行为中。因此，守住"小节"是共产党人加强党性修养的一个重要方面。每一个党员干部都要树立"天下为公"的思想，要"为往圣继绝学，为万世开太平"。只有这样，才能"小节能守，大业必成"。

（张天儒）

学会嫉妒与接受嫉妒

　　如果要问，什么是处世中的地狱和恶魔？人们十有八九会说是嫉妒。"善莫大于恕，恶莫凶于妒"，是近代名士曾国藩的说法；"嫉妒比坟墓更残酷"，是奉献过《圣经》的犹太人的说法；"认识了嫉妒便认识了人类"，是西方人的说法。一言以蔽之，嫉妒乃人类最可怕的地狱和瘟疫。

　　古往今来，研究嫉妒的人们得出一些重要法则：嫉妒有与生俱来的天然性，有无处不在的广泛性，还有距离愈近的人愈易产生的空间性以及倾向利益计较的功利性。于是有人说，就折磨人的程度而言，嫉妒心为最，占有欲次之，匮乏反而最小。这真是无可奈何而又令人不寒而栗了。就其残酷程度而言，可以女作家张爱玲的小说《金锁记》为例。主人公七巧命运多舛，嫁了个患痨病的士宦之家出身的丈夫；而自己倾心所爱的小叔子又一门心思觊觎着她的遗产。既然自己失去了一切，那么就嫉恨别人得到的一切了。除此，七巧还嫉恨婆家人的无情，嫉恨娘家人的贪婪，自个的一生便在嫉妒一切中打发着光阴，让妒火焚毁自身的同时也焚毁了别人。

也许，七巧之妒只是小说家言，可现实又如何呢？崔八娃的沉沦可谓嫉妒造就的活标本了。50年代那会儿，崔八娃在部队由一个文盲而被培养成军旅作家，其作品在（全国短篇小说集）中排名第三，还上了教科书，以"南高（玉宝）北崔"名噪一时。然而，他逃不过"墙内开花墙外香"那嫉妒造就的畸形风景，在单位上屡受排挤，最后在别人醋心大发中被开除回了老家。几十年过去，镢头把儿替换了手中的笔，竟连自家作品的文字也大半不认识了，面对记者只以一脸的漠然惶然相待。八娃之被妒，自然也让人想起了古代那尽人皆知的庞涓残孙膑、李斯害韩非一类轶事，二者不都是一脉相承的嫉妒之果么？不过，若以为嫉贤妒能只是国产货，那便大错，因为西方亦不例外。数学家高斯看到青年阿贝尔的论文，震惊之余竟然醋意大发，说是"太可怕"了——可怕什么？无非是自己的数学权威地位受到了挑战，论文才被压下。最终结果便是：那位颇有才华的青年人在贫病交加中默默死去，其论文又过了十几年方才艰难问世。面对这一桩桩嫉妒的事实，面对这程度让人心惊、广泛性让人心悸、其根源又难以道清的嫉妒心态，我们不禁会想到，这人类第一个出自地狱的胎儿，它究竟能走多远呢？生活在现实中的我们，难道就在这人性弱点造就的怪胎前无动于衷、束手无策了吗？

一、把内心深处的冬天变为春天——学会嫉妒

醋意可以说是嫉妒的孪生姊妹了。令人汗颜的是，它往往在你

不经意时便悄然而生。当我们看到一同参加体操训练的同伴登上运动场领奖台时，在那奖杯、掌声与鲜花的交错刺激下，在名落孙山的耻辱感的驱使下，能不泛起几缕酸酸的醋意么？这种情感再发展一步，便成了红眼病似的嫉妒心了。不过，真的到了面对同样的辉煌连醋意也丧失殆尽的地步，恐怕也不会是好事，那只能是可悲，可悲到他已麻木到不知该从何奋起的地步了。从这个意义上看，幸运和成就是极有可能光顾敢于吃醋善于嫉妒者的。换言之，一个善于把醋意化为警示的人，一个勇于在嫉妒中找到发愤的起点的人才有可能踏上变嫉妒的地狱为天堂的第一程，争得心灵里变冬季为春天的第一枝新绿。

于是，学会嫉妒，善于嫉妒便成为做人的必需之本领了。它要求我们从嫉妒别人中激发自己的一切智慧与潜能，成为生活里的强者。

有的时候，学会嫉妒甚至是一种别无选择的选择。想想赤壁大战中的周瑜吧，谈笑间，樯橹灰飞烟灭，该是何其光彩的伟丈夫气概？可是，能使敌人心惊的人却走不出嫉妒的樊篱，竟让嫉妒化为了射向自身的毒箭，怎不落个鼠肚鸡肠饮恨身亡的结局？可见，周瑜的悲剧不在嫉妒本身，而在于他没学会如何嫉妒罢了。面对当今的竞争社会，沉浮毁誉更是常事，难道我们能任妒火在他人的成功中窒息自己？不，一个智者强者，他只有一条路可以选择，那就是学会驾驭嫉妒之舟，把醋意化为勇气和动力，扼住命运咽喉，从妒心开始发动新一轮攻势。他懂得人与人之间的优劣高低并非绝对的，只要发挥了自身长处，勇于进取，就有可能把吃醋变成鞭策。因为，"嫉妒是不会进入空空荡荡的房子"的，充实了自己，战胜了自己，嫉妒的严寒就有暖意。

实现这种"天堂式嫉妒"并不困难，在我们处世中到处可见那种奇妙的风景。有两个要好的姑娘同时进入某单位工作，不久，一个被评了先进，继而入党，继而提干。对方每升迁一回，另一个姑娘就吃醋一次大哭一场，直到一位长辈直言指出为止："你太幼稚，不懂得嫉妒的真谛，那可是促人发奋的契机。可别在一棵树上吊死！"姑娘这才恍悟，将妒意转化为另一种奋发——业余绘画，不仅让上司对她刮目相看了，其作品还频频参展获奖。这可谓升华了的嫉妒了，虽有醋意，却不乏聪慧的启迪，因为它把妒意潜化为一种不甘落伍的动力。甚至像巴尔扎克那样的名人大家，也差点儿落入嫉忌的陷阱。当与他同时代的司汤达写成《巴玛修道院》时，只读到其中一章，巴尔扎克便不禁羡慕夹裹着醋意了，说："我简直起了妒嫉心思。是啊，我禁不住自己一阵醋意上心头了，我为之梦想的《军人生活》的那一种战争，如今被人家描写得如此高妙真实，我是又喜又痛苦，又迷又绝望了。"不过，巴尔扎克毕竟是明白人，醋意并未真正使他绝望，他将嫉妒转化为一股神奇伟力，潜下心来钻研，终于将一本《司汤达研究》奉献于世，既提高了自身艺术造诣，又赢得了司汤达的友谊。如此潜心的嫉妒，虽有醋意，却不乏明智的魅力，因为它用妒意浇开了绚丽的文坛之花。英国皇家学会会长戴维，人格也曾为嫉妒损伤过。本来，正是他提携了无名的法拉第进入皇家学院，不料法拉第成果辉煌，令他一时妒意大作，竟将弟子的成就据为己有，又作梗阻拦其弟子进入皇家学会。然而，当他意识到这毕竟有失绅士风度之时，便迷途知返了，不仅公布了自己对法拉第的高度评价，而且亲自任命他担任实验室主任。这种容人的豁达的嫉妒，虽有醋意，却不乏人格光彩的流露，因为只有宽容才能使妒意催生出人性美的果子来。

二、把荆棘化作兴旺的肥料——接受嫉妒

一位古人写道："木秀于林，风必摧之。堆出于岸，流必湍之；行高于人，众必非之。"这话算是看清了嫉妒的根由了。事实正是如此，大凡被人妒者，总是在某方面高出于众、特立独行的人，难怪有人言，"不被人嫉妒的人，绝不会十分幸福的"。遗憾的是，我们却常常被嫉妒动摇甚至压垮，畏惧了蹒跚了退却了。有这么一个女人，形象好气质佳，不仅职业好能力强，而且家庭好丈夫贤，这一切引来的不是光彩，反而是奚落和讥讽的烦恼。于是她退却了，不敢与男同事同行，不敢穿时髦新装。她不明白，被人嫉妒实乃人生幸事，至少，它比被人怜悯被人睥睨好得多。可以说，嫉妒都是变相的称颂，我们有理由有权利张扬它。任人摧也罢湍也罢非也罢，山林不会匿迹溪流不会销声。为着那一份人格的高傲，为着跨越嫉

妒的樊篱，被妒者的选择只能是：接受嫉妒，在美的天地里驰骋得
更快更好。

因此我们接受嫉妒，同时埋葬它，以悄无声息和高傲的沉默来
埋葬。唐代军事家李靖就是如此做的。他戍守边防，屡败突厥，功
勋卓著。只因军纪稍差，便被嫉妒者抓住辫子进谗弹劾。在太宗的
责备面前，李靖不做辩解，不置一言，只是一个劲儿顿首谢罪。从
此他警策自己，从严治军，再造伟业。哪知那些受到朝廷惩罚的人
又同嫉妒者们沆瀣一气，再度诬告他策划反叛。面对太宗的质询，
李靖仍坚持不做任何申诉，保持着高贵的沉默。太宗只得派人查明
真相，如此反而还了他的清白。此后李靖更加严于律己，阖门自守，
杜绝宾客，一心写他的兵书，竟以一系列出色著述，成就了一代兵
家的美誉。看来，不理嫉妒，警策自励，以行动表白自己，正是对
嫉妒之魔最好的回答。

因此我们接受嫉妒，同时转化它，向着有利于发挥自身潜能的
方向转化。明代文人沈景，先走仕途，任考官之职，按照才干录取
了李鸿。岂料李鸿为当朝首辅之婿，便招来了朝中首辅对立面的嫉
恨。为表明清白，沈景干脆来个急流勇退，辞职回到家乡，潜心于
戏曲研究，最终以《南九宫十三调集》等一批著述，傲立于一代曲
宗高峰，回敬了那些嫉恨他"把持"考官大权的人。可见，即使无
奈的退却，也能为有心人提供另一块舞台，同样能起到转化嫉妒的
效用。

因此我们接受嫉妒，同时宽容它，以博大胸襟和自知之明去宽容。丹麦作家安徒生在声誉鹊起之时，不期然引发了朋友豪赫的醋意，便故意写了一本叫《莱茵河上的城堡》的书来影射讥讽他，书中暗示这位天才作家最终精神分裂被关进了疯人院。读者一眼便看穿书中疯子即指安徒生，因此成为笑料谈资。安徒生毕竟是大作家，不仅没因此找豪赫争辩算账，反而从豪赫的作品里，对照自己的不足之处。省悟后，他出游苏格兰，不断克服自身弱点，使其作品更加成功，受到了更广泛欢迎。这里对嫉妒者的宽容，显示的当然不是胆怯，而是深层意义上的风采与机智了。

因此我们接受嫉妒，同时超越它，以俯瞰人世透视人生的豪放去超越。北宋大文豪苏轼遭受乌台诗案的沉重打击，说穿了就是嫉妒者们联合构置的文网。那些不学无术的政客在文字上找不到岔子，竟拿他出身寒门作为陷害的靶子；甚至好友沈括也妒意发作，将诗人的赠别诗附会一番作为揭发材料。诗人痛苦之际也幡然醒悟，在红了眼的嫉妒者面前是无理可述的，只有连眼珠子也别转过去地接受它，在对真善美的追索中超越它，人才不会沉沦，诗才能弹响嘹亮的音符。

这有多么美好！把嫉妒变为人生丰富的养料，去耕耘自己的田园，去驰骋奋斗的疆场，这才是强者，变地狱为天堂的强者。唯其如此，我们才说，嫉妒只能丛生于缺少才能和意志的地方，而强者的土地上终将生出一片绚丽一片斑斓，在这个意义上，我们说，善于嫉妒者也就是悟道的耕耘者，而敢于接受嫉妒的人简直就是园丁是收获者了——他们都是强者，他们心里没有冬天，因为嫉妒使他们苏醒使他们自信。那些个奋发于春之播种秋之收获的人们是有福了，因了嫉妒，我们才听见了他们迈向美好天堂的足音！

（瞿泽仁）

说"怕"

　　一个人让人感到"怕"，大抵有以下的原因；一是来自其人格的尊严。一个人光明磊落、学识渊博、清正廉明、言行一致，其优秀的品德形成独具魅力的人格力量，所谓"公生明、廉生威"，能够远播威名，令人敬畏。二是来自其地位的显赫。我国几千年的封建统治，形成对当权者的"仰视心理"，面官小心翼翼，不敢造次，时至今日，人们"怕官"尤其是"怕大官"的心理依然存在。三是源于其认真的作风。一个人工作中坚持原则、作风严谨，最痛恨弄虚作假、拖拉疲沓的作风，人们自然对其产生敬畏之心。四是慑于其权术的深厚。某人大权在握，又善权术，且早已养成受人尊重的习惯，别人对其稍不迎合便被"拿下"，或坐冷板凳，或丢乌纱帽，使人常怀"怵惕"之心，不由你不怕！

　　其实，"怕"与"不怕"是相对的，在某些情形下可转化，它们之间是辩证统一的关系。

　　有的人人们既"怕"且"敬"。这些人常常具备较高的修养、严谨的作风，忠于职守，为人师表，巨大的人格力量令人敬畏；他们兢兢业业，脚踏实地，为人民做好事、办实事，政绩卓著，人们对其由"怕"变为"敬重"，发展为"不怕"。这种"不怕"使人们产生"虽严犹亲"之感，是人们对这些人由衷的褒扬。而另一方面，某些官场的"混子"们，对这些人却是怕上加怕，甚至于恐惧，因为在这些人的手下，"阿混"们混不下去了，"南郭先生"们要失业了！

有的人人们既"怕"且"恨"。这种人大多握有一定的权力，善耍权术，挥舞权力大棒，竟引得奸巧小人溜须拍马、如鱼得水，使得正直之士备受冷遇、横遭排斥，可谓八面威风，令人畏惧。然而细想起来，这种人通常也怕为己抬轿的"轿夫"们，何也？只因他们朋比为奸，专干贪赃枉法、损公肥私的勾当，有把柄落在人家手中，故而时时悸惧！可见，某些平时满脸威仪的官儿们，其实是色厉内荏，内心并不轻松，所谓"心中有鬼鬼怕鬼"。对这种人，人们由"怕"变为"憎恨"，发展为"不怕"。但是这种"不怕"，是正义对邪恶的鄙视，是人们向腐败宣战的号角！

笔者认为：人可以使人"怕"，更要让人"敬"，力求令人"亲"，切勿被人"恨"，所谓"宁使人怕，勿令人恨"。今之为官者对此当三思之，慎择而行！

（王志平）

秋意绵绵的晚上

那个秋意绵绵的晚上，我从外地出差飞回北京。

乘机场大巴士，风驰电掣，半小时就融入西单那一派璀璨的灯海之中。北京的确是全国仰望的政治、经济、文化中心，其现代派的外观与举止，越来越典雅、高贵、华丽、气派，让人不由得心旷神怡。

我的心情很好。

等候的转乘车来了。车体宽大舒适，车型和颜色也都漂亮得抢眼，刚刚开行的时间不长，就被新闻媒体誉为"京城里一道亮丽的风景"。

由于这是总站，上车的人不多。我拖着行李箱，走在最后。在将2元钱塞进车前门专设的售票箱里之后，我问开车的女司机，能否给我一张车票？

女司机看上去三十七八岁，表情有点阴鸷，一连问了两声，均不作答。却在突然之间，凶巴巴地朝我嚷起来：

"你躲开那儿，挡住我的视线了！"

我躲开了，坐在旁边的椅子上，却极为不悦地批评她不该这样

粗暴地对待我。

何况现在公共汽车的司售人员，很少再有随便呵斥客人的了。

那女司机不知是吃了枪药还是中了邪，不但不认错，还一声比一声高地跟我吵吵。

旁边一位素不相识的女乘客也开了口，批评女司机，还说了诸如"不好好开就别开"等动感情的话。

女司机仍不嘴软，当即甩出话来："我就这态度！就这么开！不爱坐就下去！"

这一来惹起众怒，满车人纷纷说："车上不是有投诉电话吗？打电话，投诉她！"

我虽已怒火中烧，但还算清醒，马上制止说："那别了，现在下岗的这么多，找这么个饭碗也不容易。"

女司机沉默了……

孰料，过了和平门，又过了琉璃厂，女司机竟向我道起歉来！她一个劲儿做检讨，说是刚才她"不知道怎么一急躁，就犯起浑来，真是对不起"云云。我一听此语，也忙说："人都有情绪化的时候，不过一定要控制住自己，要不容易出事，"

车厢里的气氛立刻变成如歌的行板，融入秋意绵绵的北京之夜。为了表示我的亲善，我慢慢告诉女司机，我的家就住在这趟车的总站，那是我们报社新建的宿舍楼，而由于报社就在这条专线上，平时不少回都乘坐这趟车，对这豪华的空调大巴很是赞赏……

至车开到总站，我拖着行李箱下车。女司机对我客气有加，把车停在离路口最近的地方，还连声问我住得远不远，用不用送送？我笑笑，说："咱们可真是不打不相识。"她也笑笑，说："欢迎您以后还坐我的车。"

我们都是由衷的。

踏着皎洁的月光，我向温暖的家走去。楼群之间，不少散步的居民悠闲地踱着步，谈笑声清晰入耳。一阵晚风习习吹来，像一只温柔的小手抚摸着我，心下好一阵舒服。我很感慨。

其实，人与人之间是很容易沟通的，就看我们采用的是不是多为别人着想的向善态度。如果我们刚才和女司机吵翻，大家投诉到有关部门，炒了女司机鱿鱼，但这显然对谁也没有好处，我自己肯定就会因为心不安而蒙上阴影的。而现在，结局多好啊，它就像眼前这清辉如水的月光一样，把人世间的真善美，朦朦胧胧地铺展在我们的身前身后，左左右右，使大家都变得高尚起来。

（韩不蕙）

如何远离他人的嫉妒

嫉妒作为灵魂上的瘤子，是一种极端有害的情绪。荷兰哲学家斯宾诺莎说："嫉妒是一种恨，此种恨使人对他人的幸福感到痛苦，对他人的灾殃感到快乐。"亚里士多德则将嫉妒定义为："由恶人感觉到的坏的感情。"

不久前，一所中学发生了一同学用菜刀砍伤其好友的恶性事件。原来，这两名同学是邻居，从小就在一个班学习。所不同的是，一个是干部子弟，一个是普通工人子弟。干部子弟不仅环境优越，而且学习成绩也一直遥遥领先。但到了高中阶段，这个干部子弟因过早涉入爱河，学习成绩"出溜"下来，班干部也让位于后来居上的朋友，他不由心生嫉妒，特别是当他发现自己的女友竟向这个突然冒尖的工人子弟有好感时，便再也按捺不住毒焰似的妒火，在两人一次小小的争吵中，他竟抽出事先藏好的菜刀，对好友连砍数刀……

嫉妒是对自我身心的戕害，亦是残害他人的蛇蝎。心存嫉妒，小则身心事业受损，大则赔了身家性命。晋代刘伯玉的妻子段氏可算这方面的精英人物。一次刘伯玉啧啧赞叹曹植在《洛神赋》中塑造的

"洛神"太美丽动人了。不抖段氏耳尖，听了竟妒火如炽，杏眼圆睁，道："君何得以水神美而欲轻我？我死，何愁不为水神？"一妒之下竟投江而死。后人称为"妒妇津"。看来，嫉妒心首先是一种自我折磨自我惩罚，所以巴尔扎克认为："嫉妒者受的痛苦比任何人遭受的痛苦更大，他自己的不幸和别人的幸福都使他痛苦万分。"至于嫉妒害人，更是司空见惯，进谗言，使绊子，设陷阱，打小报告，写匿名信，甚至杀戮荼毒，无所不用其极。战国时孙膑被同学庞涓嫉妒而遭害的故事，几乎妇孺皆知。更叫人毛骨悚然的，是汉高祖刘邦的爱妃戚姬因遭吕后嫉妒，竟被斩去两手两脚、挖去双眼、熏聋两耳、药哑喉咙，投入厕所让人观赏。

看起来，尽管哲人纪伯伦曾说："嫉妒的人在不知不觉中颂扬了我。"但被人嫉妒却不是什么好事，甚至非常危险。现实生活中，谁都想远离嫉妒，当年孔子的弟子贡曰曾很有信心地说："我不欲人加诸我也，吾亦欲无加诸人。"但孔子不无忧虑地回答：这不是你能做到的。历史长河中，许多熠熠生辉的智者贤人的实践表明，一个人通过磨炼心性、修养人格，从自己身上剔除嫉妒之情，达到不嫉不求的境界，是可以做到的。但完全不让别人嫉妒恐怕就难了。差不多越是事业成功、德行高洁的人越易于引起他人的嫉妒。那么，就没有办法避免嫉妒毒液的侵害与骚扰？或者如何尽量降低他人嫉妒的程度，巧妙化解这种恶意的感情，消弭他人的嫉妒心理呢？这里有三点妙法：

一是拉大距离法。研究表明，嫉妒与距离有关。嫉妒心只在处于环境和地位相近者之间才会发生。《红楼梦》里的贾环对贾宝玉有嫉妒心，且能将其付诸残害的行动。但对比他年长得多，权势也大得多的贾琏却没有这种心理。嫉妒的重心在于近距离间的竞争。一个小学教师可能会嫉妒他的同事，但不会嫉妒大学里的名教授。一个三流作家，只能去嫉妒另一个三流作家，而无法去嫉妒一个世界文豪。成就形成了距离，而距离竟消弭了嫉妒。西汉时的韩信，从小胸有大志，衣衫虽褴褛但长剑却不能不佩，肚皮虽常饿但步态却不能不壮阔。正是这点精神优势竟引起了一个泼皮的嫉妒：同样是黎庶贱民你小子凭什么要佩长剑、跨大步？对这种冒尖老子要是摆不平，那还了得！于是，他拦住韩信，大喝一声："韩信，要么你用长剑杀了我，要么从我的裤裆下钻过去。"韩信面对这种由嫉妒引发的挑衅，理智地选择了后者。泼皮表面上是得胜者，但真正的赢家却是韩信，因为他有这样一种坚定的信念：终有一天，你——你们，庸卑可怜的家伙会没有资格嫉妒我的。果然，当他被刘邦封为三齐王后，他找到当年那个侮辱过他的无赖，派人把他带到军中。那个依然游手好闲的泼皮一进军帐，看到威风八面的韩信，早已吓得屁滚尿流、魂不附体，只能跪地磕头、请求饶命，根本就谈不上什么嫉妒了。当然，韩信再一次表现出非凡的气度，不但没有杀他，反而把他留下做了自己的贴身侍卫，那无赖感恩戴德，对韩信忠贞不贰，甘效犬马之劳。地位上的巨大差异，消除了嫉妒产生的基础。

从这里可以使我们更清楚地透视嫉妒与环境和地位的微妙关系。因此，一个人面对低俗者的嫉妒时，应采取"走自己的路，让人们去说吧"的态度，一旦在事业上拉开了距离，这些人就无法嫉妒你了。对此，克雷洛夫颇有同感。他说："在你有权力有名望的时候，卑鄙的人是不敢抬起嫉妒的眼睛看你一眼的。"不过他又警告说："然而，到了你一落千丈的时候，显示最大的毒辣的人就是他们。"

二是承以谦德法。单靠拉大距离，仍不能摆脱嫉妒的阴影。这是因为，当你和一个浅层次拉开了距离，就意味着进入了另一个较高层次，你又可能受到这一个层面里的人的嫉妒。要解决这一难题，就必须加强修养，处处承以谦德。一个不学无术又桀骜不逊的人不仅自己常为嫉妒所缠缚，而且更容易引起别的人嫉妒乃至憎恶。相反，一个通过自身艰苦卓绝、锲而不舍地努力取得成功的人，不居功，不自傲，不矜夸，虚怀若谷，谦和谨慎，就会受到人们的爱戴。那位在自己的墓碑上刻着"安眠于此地的人，懂得在自己的事业上起用许多比他更优秀的人才"的钢铁大王卡内基是这样的人；始终谦虚地认为"我之所以成功，是因为我站在巨人的肩膀上"的近代物理之父牛顿也是这样的人。这些功昭日月而又异常谦逊的人，只能叫人称颂，却无法叫人嫉妒。司马迁在《史记》"列传第二"中记叙了晏子的一段故事：晏子贵为齐相，但为人谦虚清廉，生活异常俭朴，所以深得国人拥戴，没有人嫉妒他。倒是为他赶马车的车夫，因为能为宰相"开车"，竟表现出一副得意扬扬、不可一世的派头。

这和晏子那种雍容大度、谦恭有礼的风度形成了鲜明的反差。车夫的老婆看到这种情形，对车夫非常鄙夷，将其痛斥一顿，并提出要和他"离婚"。这样一来，彻底打消了车夫狂妄骄矜之心，行为一下子变得检点谦和，后来他竟被晏子提拔为大夫。

越是修养深厚、知识渊博的人，越是谦虚。这是因为他明了自己在人类历史长河中不过是沧海一粟，因而对自己的成功从不张扬骄矜，而是时刻感到自己的不足，表现出一种淡泊含蓄的风度，处处以他人为师，这不仅是一种美德，而且确实是让嫉妒无法近身的"金钟罩"。

（杨云岫）

如何消除浮躁心理

　　浮躁心理，是现代经济发达社会中人们所表露出来的一种消极负面性情。它使人们在工作、学习和生活中乱了方寸、无所适从，甚至成事不足、败事有余。因此，它不仅于人们的心理、生理有害，而且对人们的事业前程、为人处世无益。那么，现代人缘何会产生浮躁心理？我们又该如何消除这些浮躁心理？

　　商品大潮中欲抱"大金娃娃"

　　时下，史无前例的中国商品经济大潮以汹涌澎湃之势，猛烈地撞击着每个人的心扉。因为经济大潮的奔涌，人们的经济地位明显地拉开了档次，由此，撩拨得人们心旌摇曳、心头火辣，犹若芒刺在背，坐卧不宁。于是，一些人望洋兴叹，一些人跃跃欲试，更有一些人想入非非，盼望"芝麻开门"，一把抱起个"大金娃娃"。然而，浮躁的心理，却搅和得某些人不能面对现实、正确地把握自己，而是好高骛远、朝三暮四，在事业上，不能根据自身的特点而选择适合自己发展的突破口奋发进取，到头来不但难抱"大金娃娃"，而且将一事无成。

竞争风云中生存压力加大

随着社会的全面转型，不但知识更新加快、信息日新月异，而且科技进步的步伐几乎呈几何级数发展。人们今天掌握的东西，说不准一夜之间就成了"旧船票"。类似日益激烈的竞争，可谓处处存在、事事体现。随着这一现代社会发展的显著特征的出现，尤其是随着社会竞争的日益激烈，人们感到生存空间变窄，生存压力加大，紧迫感、危机感与日俱增。在竞争的海洋中，人人都怕被淹没，人人都欲出人头地。如此，就形成了竞争的升级与循环，它无可置疑地撩拨得人们精神紧张、心态浮躁。然而，在竞争风云中出现浮躁心理，不仅不能取得竞争行为的成功，反而会使自己在激烈的竞争中败北。

人际交往中关系错综复杂

随着社会的变革，各种生产关系重新组合，人们的新旧观念、新旧意识、新旧习惯正在发生着激烈的搏斗。与此同时，人们的处世方式和操守行为亦呈多元化倾向，功利与亲情、物欲与道德在某些领域、某些层面正进行着一场空前的碰撞。因此，人际关系在鲜明地体现着上述时代特征的同时，亦呈错综复杂的姿态。人们会感到人际交往的不易和因此而产生的困惑，更会因某些人与人之间相处的龃龉而导致性情浮躁。然而，在复杂的人际关系中产生浮躁心理，只能导致自己的交际行为失败，令人际关系进一步复杂紧张，结果促使自己的交际浮躁心理呈恶性循环之势。

那么，面对这些浮躁心理，我们该如何消除呢？

让心宁静　选准方向

心理学与生理学的研究告诉我们，良好的性情，能够促使人们奋发进取，帮助人们进行有条不紊地作业；而心烦意躁，只能使人们手忙脚乱、不知所从。因此，在信息活跃、物欲升华、节奏加快的现代社会环境中，我们既要善于接纳新事物、新信息，又要防止某些信息和事物搅乱了自己的心境。要注意新信息与好心境的平衡，快节奏与平常心的中和，物欲发展与道德升华的对称。做到处"动"而静，处"变"不乱，不要让想入非非、好高骛远的浮躁搅乱了自己宁静的心境。在风起云涌的经济大潮中，应该静下心来理顺自己的思绪，根据自己的学识、才能、特长、专长、兴趣、爱好、心理素质和性格特征等，选准适合自己发展的事业和努力方向，进而不懈努力、奋发进取。比如：有某方面专业知识功底而又善于探索者，可以潜心研究学问，争取在自己感兴趣的专业上取得成果；性格外向、善于交际又有经济知识才能者可以选择经商；有政治敏感性、对政治风云能够适应者可以选择从政，等等，只要你心态不为世事而浮躁，根据自己的特点，选准事业的发展方向，潜心奋发，不但浮躁心理会销声匿迹，而且终会使你取得预期的成功。

扑下身子　制作"寒衣"

不可否认，现代社会竞争，是一场场你败我胜的战斗，其中没有任何调和的余地。比如：你的产品不如人家的优质就会被人占了市场；你在岗位竞争中缺乏综合知识和能力就会被对手击败；你在升学考试中欠缺文化实力和底蕴就会让人淘汰，等等，可以说，我们每一个人，在现代社会中都无法逃避这一场场激烈的竞争。可以想象，在竞争中被击败的人自然是似迎霜雪、如临寒风，彻心地凉。而面对一场场激烈的社会竞争，你心烦意躁，只能是一筹莫展，难挡竞争中败北的风寒。因此，克服这一浮躁心理的最好方法是，扑下身子，刻苦钻研和掌握一两种适应竞争的本事，为自己制作几件御寒的"衣"。因为，当一个人潜心投入学习某一项技艺时，他就会把喧嚣的红尘挡在意念之外，而平心静气地去争取学习的成功。这样，不但浮躁心理离他而去，而且还会使他在未来激烈的竞争中立于不败之地。

坦然灵活　处好关系

消除人际关系中产生的浮躁心理，说到底还是个处理好人际交往艺术的问题。交际成功者，浮躁心理会在其身上消失，反之，交际失败，浮躁心理就会如影似魔般追随着你。因此，消除人际关系中产生的浮躁心理，应该把握如下几个交际原则：

首先，谦逊宽容的原则。与人相处，谦逊宽容，人们会觉得你好合作，就会降低人与人之间的摩擦系数。随着人际摩擦系数的降低和消失，你的浮躁心理也会随之烟消云散。

其次，冷静坦然的原则。就是不要把人际关系中的矛盾、分歧、龃龉看得太严重，而是在遇到复杂的关系时，心理上坦然从容一些，平和冷静一些。尤其是当你与人发生矛盾时，可以设法暂时让自己思维转移，把纷争和矛盾放一放、忘一忘、冷一冷，待遇到合适的机会再修旧好。因为，人与人之间的交际情感非常微妙。有时，他会对某某人特别反感，而时过境迁后，这种反感情绪又会削弱甚至消失。所以，把矛盾冷一冷、放一放，对于重修旧好会有好处。这样，你的浮躁心理就会趋于缓和。

最后，疏密相济的原则。为了避免人际关系复杂所致的浮躁心理，你应该掌握好与人交往的频率，做到张弛有度、疏密相济。因为，人与人交往过疏，自然会导致人际关系淡漠；而人际交往过密，有时反而也会拉大彼此在性格、认识和观念等方面的差距，有的还会发生对抗。而若即若离、似亲似疏，保持一定的距离的交往，反而会使人际关系正常发展。这样，就能较好地避免一些因人际交往不当而产生的矛盾。这样，自然就会避免或消除复杂的人际关系所带来的浮躁心理。

（卢仁江）

做人之道在躬行

　　做人之道，当然说的是做个善人之道，这还仅是从最基本标准讲的，若从高境界说，是要做个完人、真人。至于那些恣意行乐，纸醉金迷而又稀里糊涂，甘居下流恶境者，则不在此"道"之列。

　　"诸恶莫做，众善奉行"，之所以稚子能说得，老翁却不见得能行得，是因为人受私欲俗念的蒙蔽，一方面可能分不清哪是善，哪是恶，不知不觉中就做出了黑白颠倒、不善不洁之事。另一方面，虽然知道什么是善什么是恶，但往往抵挡不住或名或利或权或威的诱惑逼迫，或认为"小恶无损"，而弃善就恶，前功尽弃，甚至"一失足而成千古恨"。这样的事例在生活中不胜枚举。

　　要躬行做人之道，首要的是必须有自己明确而坚定的是非原则、正邪标准，以此来区分生活中什么是善的，什么是恶的。特别是处在拜金狂潮汹汹，价值取向多元甚至混乱的转型期，似是而非、以假乱真的东西尤其能蛊惑人、引诱人、毒害人，稍不留神就会误入圈套、歧途。

　　我热爱写作，近年来发表了一些小说、散文、随笔。去年秋天，部文联发来一封邀我去四川参加创作会议的信函。我当时异常兴奋。作为一名业余作者，能出席全国性创作会议可谓喜从天降。一想到能和许多文友见见面、谈谈心，就抑制不住内心的激动。同时，不消说，亦可借此游览一下九寨沟、青城山等令人心驰神往的名胜。领导看了信函，也为我高兴，不仅同意我去并要我坐飞机去。一切都安排得妥妥当当了。不过，面对这张"快乐船票"，我却心生苦涩，有个问题横亘心头：乘机赴蜀，这一趟至少要花费五六千元啊！我就悄悄地向别人打听：坐火车大约花多少钱？人说，两三千元左右。我想，要去，也应该坐火车去，无非自己辛苦一点。但继而又一想：职工已有半年没开工资了，我却拿着公款堂而皇之地游山玩水，这几千元能帮助多少困难家庭啊！这怎么叫人忍心？我经过一番激烈的思想斗争，最终向自己和领导及亲朋说出了一个很难说出的"不"字，取消了这次远游。

虽然我失去了与良师益友相聚以及坐飞机、游名胜的机会，但内心却感到了无限的快乐。

要抵挡形形色色、五花八门的诱惑，就必须有自己的正见、远见、定见，特别要注意从点滴小事上"养吾浩然之气"，培植自己的节操和意志，对一些是非昭然的问题敢于刚正不阿地说"是"或"不"，做到毫不含糊，斩钉截铁。

举个最简单的例子。我岳父退休后加入了玩扑克的队伍。一次他对我说：你在工会管发放娱乐品，抽空给我带一包扑克来玩。我答应下来。回矿后，当我挥笔签领扑克时，一种损公肥私的龌龊感猛然使我脸红心跳起来。

我为自己一时的糊涂而惭愧。我怎么在关键时候就不能自持了呢？我撕掉条子，跑到商店为岳父买了一包扑克送给他。我说：爸，这是我用自己的钱买的，您尽管快快乐乐地玩吧。从那，他却再也没有叫我拿扑克，而且渐渐离开了牌桌。孝，更需要真诚和高洁的精神啊！不洁不诚，怎么能谈得上孝？而这种精神又会产生巨大的辐射作用。

写这些生活琐事，不是为了自称自赞，自我炫耀，而是说，生活无小事，人生无小事，要想做个真正的好人，就必须脚踏实地时时谨行，处处慎独。古人曾强调"勿以恶小而为之"，谚云："今日偷韭，明日偷油，后日偷牛"，就是说如果不防微杜渐，小错必铸成大错。老子说："合抱之木，生于毫末；九层之台，起于垒土"，古往今来的大奸大恶其实都是从小诈小恶演化来的。

实践表明，做个好人，既不那么容易，也不是那么高不可攀。俗话说：难难难，易易易，不难不易。要说难，一片贪欲之云横眼前，就可能叫人钻入死胡同，直碰得头破血流甚至一命呜呼也闯不过去。关键看一个人有没有真诚的信念、坚强的决心、刚毅的意志和切实的躬行。孔子讲：好学近乎知，力行近乎仁。可见一个人即使学富五车、著作等身或宏论滔滔，口吐莲花，如不能躬行实践，也不能算是真学问。有朋友可能会问，在现实生活中你这样逆流而动，岂不是自找苦吃，自我贬损，失去的多，而究竟得到了什么？

我要回答的是：一个好人，在物质上或在感官上享乐上似乎失去了一些，比如，不去四川开会，便失去了见到举世闻名的乐山大佛、欣赏九寨沟的奇妙风光的机会。但事实上，我所得到的，比这甚多甚大。欣赏风景之趣更不能和领略人生真境之乐同日而语。我不知道通过参加在风景区召开的一次会议，人对真正的领悟或知识技能的提高有多大的增益。我也说不准一顿鲍鱼、海参究竟能给人增加多少营养。但我却真切地感受到：当抵御了一次强烈的诱惑之后，会让人觉得自己是个值得让自己尊重、满足和信任的人，是个能用良知战胜卑私的强者。那种心安理得、欢畅明澈的幸福感，我相信，就远不是那些游玩者所能享受到的了。一个人一旦明悟了自己的责任和使命，再以无所畏惧的意志来躬行、精进、日新、又日新，这样就能在人生的道路上不断有所超拔和收获，生命之花就能徐徐绽放，璀璨而芬芳。当你堂堂正正地生活、坦坦然然地工作、光明磊落地处世时，你会觉得自己是透明的，是喜乐的，是清静的，是完整的。

（晓草）

牛培行：我一点也不"牛"

他是一个"90后"，出生于山西太原市。没上学的时候就特别淘气，尤其喜欢拆拆卸卸。父亲想，这孩子静不下来，以后读书肯定不行。

果然不出所料，自打上学后，他的拆卸毛病不仅没有收敛，反而更加"猖獗"。自然，他的学习成绩一塌糊涂，父母总被老师叫到学校去"受训"。没办法，父亲给他转了三次学，但他的学习依旧毫无起色，他仍旧痴迷在自己的小世界中。

看到文化课学习没戏之后，父亲也想明白了，不指望他考大学，就想让他学点谋生的技能。父亲试着让他报国际象棋班或者小提琴班，可他坚持要报拆拆拼拼的"小制作班"。父亲拗不过他，只好让他学。从此，他同"船""飞机""潜水艇"等手工玩意儿正式结缘。刚开始，父亲不给他买制作材料，他就在上下学的路上捡东西，修车铺扔掉的辐条、螺丝、烂木头片……他认为有用的都往家里捡。看到孩子对小制作如此痴迷，父亲觉得孩子也许就是走这条路的，于是，不再干涉他。说来也怪，小学毕业时，只有12岁的他，就获得了他人生中的第一个大奖，即制作的风力帆船获得了山西太原市中小学生科技发明奖，并获发明专利。

升入初中后，他还是老样子，依旧是"差生"。但是，他数学和物理两门课成绩特别好，尤其是物理，成绩没下过95分。数学和物理老师特别喜欢他，甚至把学校的实验室钥匙给了他，鼓励他自己动手搞发明，有时还给他"开小灶"。两位老师觉得，他的脑子特别灵，观察力强，发散性思维特别好。物理课上学到的发电机原理和钟表上的发条激发了他的灵感，一个用手动实现动能和电能相互转换的物理电池就产生了；因为停电，他制作出了"电光笔"；看到老师上课经常"吃"粉笔灰，他就尝试利用皮带输送原理，发明像换幕舞台一样的"转动黑板"，在转动中黑板上的板书也被擦干净了。这些发明陆续获得实用新型专利。

上大学后，虽然他还是没有摆脱"差生"的魔咒，但他并没有被"差生"的阴影缠住特立独行的脚步。为了更好地发明创造，他让父亲给他买了一台铣床，就放在他的实验室里。可是这样他觉得用起来不方便，就想把它改成数控铣床。面对他的这一想法，大家都直摇头，"这简直就是痴人说梦"。面对大家的质疑，他只是一笑了之。之后的一年时间里，除了上课，他就在实验室里鼓捣，忘记吃饭是常事。如果太晚了，他就在实验室地上放几块木板凑合一宿，甚至连做梦也多是如何改装。他上网查资料，到二手市场买材料，和专家讨论，就这样，数控铣床还真让他给改成了，这让同学和老师都惊叹不已。

在大学里，他更注重发明创造的科技含量。他制作的航模，屡屡在全国大赛中获奖。他设计的汽车转向架，使驾驶员在打转向时不会感受到离心力。另一发明液晶遮光板，可运用在飞机、汽车的前挡风玻璃上，在强光或夜间驾驶时，使驾驶员不受迎面光源的影响，从而达到安全驾驶。目前，这两项也都已申请国家发明专利。

在家庭生活中，他一样善于捕捉发明的契机。2010年11月，看到妈妈用废水冲厕所比较费力后，他就做了个能把废水压到高位的改水装置——实现家庭废水再利用的"自压冲洗装置"。这项发明后来不仅获得了专利，而且还找到了科技转化的企业，使他获得了300万元人民币的最高签约金额。

从小学到大学，他一路发明不止。迄今为止，他已经拥有了7项国家发明专利和近30项实用新型专利。其中一项专利被美国公司买走，另一项"节电型防脱防触防热安全插座"已经转化为产品，成为世博会期间山西展馆馈赠贵宾的珍贵礼品，并得到了国家资金扶持，已陆续上市，国内外企业争做代理商。

他就是牛培行，人如其姓氏，够"牛"的。说他"牛"，可他却说："其实我很普通，一点也不牛，我只是喜欢玩小玩意儿。"也许正如他所说，他一点也不牛。但是他"喜欢"的内核却很强大，那里面装着的，不单单是兴趣，而是注满了热情、认真和执着，他更用专注屏蔽了"差生"的如影随形。所以，他的发明之路尽管艰辛，却充满阳光，一路鲜花盛开，硕果累累。　　　　（胡征和）

不说是一种境界

《说苑·辨物》中有一段孔子回答学生子贡的话，用"不说"两个字笼统概括，闪烁着孔子的睿智光芒。

子贡问孔子：人死之后有知还是无知？孔子回答：不说。子贡问：为什么不说？

孔子回答：我若说死者有知，恐怕孝子贤孙会过分厚葬死者而妨碍生者的生活；若我说死者无知，又恐怕不孝子孙丢弃遗体不予安葬，败坏了道德。所以，我既不能说有知也不能说无知。

孔子之所以"不说"，是因为他考虑得周全，他不仅要照顾到有与无、真与假，还要照顾到好与坏、情与理，他不仅要作出事实判断，还要作出价值判断，所以他不肯满足于一般性的事实陈述，还要考虑事实陈述之后可能引发的各种各样接踵而至的后果。作为圣人，孔子当然不能说谎——即便是善意的谎言，也会有流弊。可是，若说出了全部真相而使人们丧失了敬畏之心，那也是很可怕的。所以，权衡再三，孔子选择了从"不说"来阐述蕴藏的玄机，从而过渡到在沉默中蛰伏，搁置了鬼神问题的讨论。

（张振旭）

人生若只如初见

　　有些情绪总爱在无边的黑夜里悄然滋生，疯长弥漫，明明可以在阳光下掩藏很好的思潮，却突然在这样的柔美中暴露无遗。

　　生命里总有那样一群人、一些事需要你用此生的时光去忘记，可是当旅途渐行渐远，风景越看越多，理所应当地认为自己已更成熟的时候，却突然明白那些想去忘掉的记忆愈加深刻，似乎只要有一丝微小的变数，就会让它们膨胀变大，然后冲出压抑已久的空间。

　　这样实在可怕，因为隔着万恶的时间，我们很容易就会对最初的那抹微笑一丝感情也不剩下，从煽情说到漠然，从漠然说到寡淡，再从寡淡极不情愿地一点一点地绕回来，还是那些当初的人、还是那些偏执的念想、还是那道月光，说得无滋无味，总好过遗忘；历历在目，总好过失明。

　　故事发展伊始的那个遥遥开头，总让一切带有伪装。所以，我一直认为时间就是衡量万物的唯一标准，感情深否、关系好否、笑容真否，都是时间沉积下来的产物。在很久很久以前，有怎样怎样的人；在某一天，发生了怎样怎样的事⋯⋯有着这样开端的故事都让人甚感美好。

人生若只如初见，多好，有人可在匆匆对视后便毅然地转身离去，沧海桑田，滂沱分崩，也不会电影般地一幕幕接逐上演，进而引出过于悲凉的结局。

若那么多迷离的记忆都能成为身外之物，我们的人生是不是可以用轻快的步调走尽？

有人说："如果有一天我们湮没在人潮中，庸碌一生，那是因为我们没有努力过得丰盛。"如此这般，当华丽的年岁逝去后，才能知其美好，却再也回不到最初，了解了故事的开端就不可能会让你再猜出结局，可就是这每一次的失落感让我们有了任凭生活玩弄也要走到头去看看结局的好奇心。

当一切到了尽头，沧海桑田最终化为心痕，即使风雨兼程，也只是冷暖自知，为了忘却的记念，我们终将面对阳光，悠然成长。

人生若只如初见，我仍是有小小羊角辫的顽皮小孩，你仍是某个午后我在满是香樟的街道上偶然遇见的路人，所以你没有如水的微笑，我没有傻傻地问好，然后呢？也就没有那终于做了努力却迫于流变的遭际和最终不得不狠心转身离去的无奈。

可是，在冰冷的现实里哪会有那么多如果？有些人走了就真的是离开了，有些人就在你面前，却咫尺天涯。现在的我们，执手相看那一汪汪秋水，怀念着儿时的伙伴和回也回不去的昨天。

可它们势必只能放在记忆里，留下轻轻浅浅的倒影，能让我们在某些时候想起，于是便把自己的生活误解为充实，也就更加放纵自己执着于早已不在的往昔中，意犹未尽地回想着每一次相遇与别离，只有这样才能想象空荡的四周挤满了人，才能想象路灯下是影子的叠加，才能想象有人会被我如此相信。

好吧，就让该来的来，该走的走，我们只要静静接受就好，做不了主宰者就做个安分的承受者。

人生若只如初见，你是否仍旧会穿白色衬衫，在阳光下对我浅浅微笑。人生若只如初见，我一定牵住你的手告诉你，我离不开你。

（刘静）

如何与难以相处的人相处

　　由于工作的调动，克里斯从华盛顿搬到了费城。刚开始的日子，克里斯总是想起在华盛顿的那些生活。在华盛顿原来居住的地方，几乎每个邻居都很友好，生活过得很愉快，而现在在一个新的地方，他不知道那些陌生邻居的态度怎样。一个月后，克里斯的心安定下来了，因为他已经慢慢适应新的工作环境，而且他发现，新邻居也很友善。

　　在生活中你的周围有一种人，他们与你相处融洽，他们心地善良、文明有礼。他们是让你愉悦的人，你对他们由衷地喜欢。你生活中的大部分人，比如你的朋友，都应该选这种人，不是吗？干吗选那些不友善的人做朋友呢？

　　然而，事实往往是这样：总有一些难以相处的人出现在我们身边，让生活出现不和谐的一面。而且令人懊恼的是，这些难以相处的人当中就有自己的家人。当然，更多的情况下这些人是我们的同事、孩子、朋友、父母，或在某种情况下不得不与之相处的人。这些人的共性是都能让我们怒火中烧。也就是，在与他们的交往中，即使原本是一个平和稳重的人，也会放任自己，失去好性情。

因此，我们必须采取主动。不管遇到什么类型的人都控制好自己的情绪，做自己想要做的那个人。下面提供六个建议供你参考，相信它们能使你妥善处理好与难以相处的人之间的关系。

认识自己

伊莲在一家著名的化妆品公司工作，待遇非常好。按理说，伊莲应该很高兴才对。但是伊莲却一直郁郁寡欢。父亲问女儿是不是工作压力太大了。伊莲回答："公司的同事太难相处了，长期下去，我会疯掉的。"

听了女儿的话，父亲沉默了一会儿，然后说道："你觉得同事很难相处，可能的确有同事方面的原因，但是，你也要在自己身上找原因。也就是，你要首先认识你自己。"

可以说，伊莲的父亲是一个心胸宽广、睿智的人。他说的这番话正是妥善处理与人难以相处的问题的第一步。你自己是一个什么样的人，你自己的性格、价值观是怎样的？把这些写下来。然后考虑，这样的一个你，面对那些你觉得难以相处的人的时候，你希望自己作出什么样的反应？

经过对自己的一番研究后，遇到困难的处境时，就像拥有了一个应对的机器，打开开关就行了。这样即使你的情绪发生变化时，仍知道自己该如何反应。

伊莲呢？在重新认识自己、用双向的思维考虑问题后，她发现，情况并没有自己想象的那么糟糕。这样，她的生活又变得开心起来。

跟对方深谈

有些人很难相处，但你还不准备摆脱他们，你还想给他们一次机会，然而，他们并不能体会到你的良苦用心。这时，你就必须找一个合适的时间跟他们做一次深刻的谈话，告诉他们你的问题，告诉他们你的问题将要如何处理。

这样做的时候，记得提醒自己，你想做什么样的人，你希望对方如何对待你。真诚地说出你的感受，但不要攻击或责备对方。如此，就给了对方改正的机会。

要达到你期望的效果，可能要花些时间，并且你必须确定打算为此花费多少时间。

想办法保护自己

哈里斯在一家小公司工作了三年，每一天，哈里斯都觉得自己如履薄冰。原因不是哈里斯做不好自己的本职工作，而是他的老板对他非常苛刻。哈里斯的老板脾气粗暴，对哈里斯以及其他员工似乎从来没满意过，无论你做得多好，他都不会给你好脸色。而且，他会想方设法克扣员工的薪水与奖金。在为公司兢兢业业工作的三年里，哈里斯从来没有得到过老板的一句夸奖、一句感谢的话语。

哈里斯感到很绝望，毅然在第四个年头与其他两名员工离开了这家公司。

从不少人的经历来看，老板似乎都是难以相处的人，这是世上最为痛苦的处境之一。在工作关系中你已经处于劣势了，如果遇到一个粗暴或道德败坏的老板，更是雪上加霜，这会让你每天都生活在痛苦之中。遇到过不良老板的人都知道，既想保住饭碗，又不失自尊，是一件有困难的事情。但是，如果你的老板道德有问题，我建议你尽快离开他，就算去送外卖也比与他相处幸运。为了一份工作放弃自己的道德底线，那你就成了一个没有尊严的人。如果你的老板只是一个吝啬或懒惰的人，而你又很舍不得这份工作，那就用坚强和冷静武装自己。

你也可以不理会老板的指责和讽刺，有时候，无声胜有声。如有必要，你可以安静地走开。你还可以考虑记录那些不真实的或羞辱性的评价或行为，想办法来保护自己。

为不懂得尊重人的人工作，他也不值得你尊重，你这样做是在降低自己的身价，所以迟早都是要离开的。

与对方保持距离

特雷莎与怀特是姐弟。怀特为人随和，他的姐姐特雷莎却是一个十分挑剔而且尖酸刻薄的人。在家里，怀特几乎事事、时时都要受到姐姐的责难。为了避开这个"可怕"的姐姐，怀特大学毕业后就离家到外面独自生活了，只在周末或者节日回去看望一下她和父母。而父母也理解他的苦衷。

像怀特一样，如果你的家人或亲属中有难以相处的人，就不太可能完全摆脱他。但是，你可以控制和他的相处时间，与他保持一定的距离。也就是，采取主动，确定一年中与这种难以相处的人见面的次数、时间。

这样做或许有些困难，也会让其他家人觉得难受，但控制与难以相处的人接触的时间，会让你在与其相处时更主动。

建一道思想的铜墙铁壁

泰勒所在的科室有一位老大姐，和谁都相处不来，原因是她看谁都不顺眼。这位大姐更恃自己年纪大、资格老，常对年轻的同事大声呵斥，甚至出言不逊，为此同事们都很怕她。泰勒却能泰然处之，每天都与她笑脸相对。同事们问他何以这么能忍，他道出了自己的应对秘诀："我想象在自己和她之间有一道无形但无法穿越的铜墙铁壁，把她那些负面的言论和行为想象成射在铜墙铁壁上的箭。这样，她就无法伤害到我，对我的影响也就微乎其微。"

还有，你也可以想象这道墙也能吸收你自己的负面言行。当你感到愤怒或受伤时，想象这道墙能吸收这些感受，且让你的屏障更加坚固，而你在墙后保持了安宁和冷静。

同情对方

我们都知道，人是一个复杂的个体，有的人经历了某些事之后，性情发生了变化，就让人觉得难以相处了。贝特曼就是这样一个人，在经历不公正的被降职、女朋友的背叛之后，他的脾气变得粗暴起来，从而成了一个难以相处的人。其实，像贝特曼这样的人，其外在的恶劣言行可能恰恰是其内心所受过的伤害的一种症状。所以，同情他们吧。在那一刻，他们的行为对他们来说就是最好的。人都是在不停地成长和自我认知，只是阶段不同。这个过程就像在爬梯子，梯子是要自己爬的，他们现在爬到那个高度，你不能把他往上拉几级。同情他，就是帮助了他，给了他改过自新的机会。但如果对方是个死不悔改的人，就不值得再同情了。

（庞启帆）

不点击也是一种惩戒

2010年11月14日，一位名叫"思念是一种病"的网友在某视频网站上传了一段视频，视频中，一个年轻的白衣女子，面带微笑，隔着一块玻璃板将一只小兔子活生生地坐死。整段视频长达4分多钟。

此视频一出就在网络上掀起轩然大波，短短的几天里，该视频点击量过万。"这个下贱可恶的女人。""拉出去剐了她。""魔鬼女人，让她下地狱。"……一时间，网友们纷纷跟帖留言，痛斥虐兔的女子。

2010年12月12日，三位嘉宾做客中央电视台《心理访谈》，同广大电视观众一起分析"一只兔子的非常死亡"。三位嘉宾，一位是来自华西都市报的姓秦的女记者，她是目前为止唯一采访过白衣女子的记者，一位是中央电视台的主持人张越，另一位是心理学专家雷明。

视频中的白衣女子叫黄小小，那一段视频是几年前她刚大学毕业时拍摄的，当时雇佣她的老板承诺这视频不会在国内的网站上上传，不知为什么，时隔几年，该视频还是曝光。被曝光的黄小小，平静的生活一下子被撕破、被人肉、被恐吓，亲人为此蒙羞，黄小小本人也日日夜夜承受着巨大的精神压力。其实，从她开始拍下那段视频的那天起，她的内心就没有再安宁过。走在大街上，被人热情地称为"美女"，那一声美女对黄小小来说，堪比刀割剑戳，她知道自己再也不配这个称呼。这些惩罚是她应该领受的。

那天的节目现场，每一位嘉宾都对黄小小的行为进行了强烈的谴责与深度的分析。给我印象最深的是张越的一段话。当主持人张小琴问她：你之前看过这段视频吗？张越痛心地回答：没有，我只是看到一点儿网上截图。我不能够也不愿意再去打开它，因为我不想再去给他们增加一次点击率。

谁都明白，吸引人的眼球狂赚点击率以此来获得丰厚的收入，是那些幕后网络黑手的最终目的。黄小小从一种意义上说是凶手，从另一种意义上说，她也不过是他们玻璃板下的另一只兔子，是他们赚钱的工具而已。我们带着强烈的好奇心，点击开那段视频，又带着强烈的愤怒留下自己的脚印，把痛骂留给黄小小之流，却也在无形中让那个幕后操纵的人脸上露出得意的笑。从你轻轻点击那段视频开始，他们的目的就已达到。更为可怕的是，因为我们五花八门的愤怒留言，会有更多的人带着一丝好奇来，一次又一次把那样的视频点开……一份垃圾、一片毒雾就在整个网上蔓延开来。

满怀着善良和仁爱的人，就在无形中变成另一只伸向那些无辜小动物的黑手。因为那样的视频大有市场，它可以在瞬间为黑心商家带来可观的点击率。于是，一只猫死掉了，又出现一只兔子；一只兔子死掉了，或许有一天还会有另一个可怜的小生命在这些人的手里、脚下，变成更变态恐怖的视频在网上流传……

　　道德惩罚，对有良知有道德底线的人来说，是惩罚，可对那些已丧失了道德底线的人来说，再多的呼吁谴责对他们都没有多大用处。在关注着那些可怜的小生命的同时，我们又该做些什么？就如张越那样，不去看、不去做、不去为他们增加哪怕只是一次点击率，让那些丑陋的东西没有市场，让那些罪恶的表演没有观众，对那些人来说，也是一种惩戒。

（艾晓雨）

我们还习惯热情吗？

我的一位朋友去大西北旅游回来跟我说，他去拜访了一位在大西北工作的老乡，这人很热情、太热情、过分热情，热情得让我受不了，但绝无坏心。我听后感到纳闷，这位朋友平时常常感叹都市人情淡漠，他怎么嫌别人过分热情？而且，既无坏心，怎样的热情算是过分的呢？

想来那定是一种淳朴的、奔放的、没有功利的热情，是久居都市的我们久违了的、已不习惯的热情。

都市人对热情总是患得患失——

搞艺术没有热情不行，但要考虑卖点考虑市场需求，热情便消减了，更何况，可以从事第二职业，工作的热情被分摊了。

可以登征婚启事，面对大堆候选人挑挑选选逐个约会，恋爱的热情被搅散了；可以两栖三栖，可以炒作可以造假可以抄袭可以打官司，事业的热情被亵渎了。

人们有时似乎也不吝啬"热情"——

比如对明星、广告、对商品打折，结果是热情被利用了；

比如炒股票、买彩票，但那是为了获利，是热衷而不是热情；

还有住房装修热、买车热、出国热，目的性确凿，是扫盲而不是热情；

喜好赶场子、聚会，是图热闹而不是因为热情；

学子一心选报某个专业，是因为它热门而不是因为热情。

我们常常将热情放在天平上精确计量。稍稍多付出些，便要嫌人家冷漠；而别人一热情，又立即警觉也许要被算计。

如果需要，可以表现出热情；如果没必要，又何必泄露热情。

这便是都市人被挤碎了的、变异了的热情。

这热情与西北老乡的热情相比，落差委实是太大了。

我们都市人受不了他的热情，其实是我们已很难唤起同样的热情。

（莫小米）

闲情逸致的培养

　　记得有次在外地开会，喝水的纸杯上有一首诗：自汲清泉带落花，漫烧石鼎试新茶。绿阴天气闲庭院，卧听黄鹂报晚衙。在我看来，与其说这首诗表达的是古代的茶文化，倒不如说它显示的是一种无所挂碍的闲情逸致。一尊石鼎，几许清烟，飘来的是茶香，充满精神的身体可以自由支配，在农阴下品茶一直浓睡到傍晚，这不正是现代人孜孜以求的充满诗意的安居吗？

　　有时候我总被古人的那种情怀带入怀疑的境地，比如"寂寂寥寥扬子居，年年岁岁一车书，独有西山桂花发，飞来飞去袭人裾"那种清幽自在的读书生活，在我求学的二十余年里偶尔有过体验，无论何等阶段，总有考试压头，而考试成绩的好坏可能直接关涉以后几十年的生活质量。所以，虽然有时也体会到那种心如止水、澄净明澈的境界，但许多时候难以达到，每一本教科书都是前进的鞭子。但可笑的是，也正是那些偶尔一现的清净境界，才可能一次又一次地提高我们的悟性、知识的积累不必然导致智慧的增进和思维的完善，但那种类似开悟的清净却正好能做到这一点，直到我读过李翱的《复性书》，知道他的"觅得幽居契野情，终年无送亦无迎。有时直上孤峰顶，月下披云啸一声"时，才算是明白了这种境界的得来之由、闲居野处也好，留恋红尘也罢，不管是古人科场蹉跎，还是今人的考试折磨，早已经把人磨炼成不折不扣的社会动物，要想真正超绝人世，是极难的事。是故在"终年无送亦无迎"的长期苦闷之后，便有了"月下披云啸一声"的难堪场面，他们啸出的是不得志、不得意与不为所用的苦闷。

于是，一个艰难但不得不回答的问题出现了：闲情逸致，其基何在？

无论境界如何高绝，无论理念如何澄澈，无论抱负如何圣洁，在现实的泥土里它却不能生长，甚至还有可能被污浊的现实所染之危险。绝对的善竟然没有抗御恶的能力，而且有可能为魔所侵，于是一般圣洁的实行者不得不远遁，以逃避的方式来维护本体的清洁存在。

我在想，他们到底缺少点什么呢？为什么在历史书里面经常是恶不抵善、善不敌恶呢？后来得出一个结论：为善的能量=大智大慧+大慈大悲+大力大勇。不但要有慈悲的心境，还要有知道如何去慈悲的知识，更要有实行慈悲的力量与勇气。对此观之，清静闲幽的基础除了本体的充实、现实的准备外，似乎还需要一个策略性的环节，此即谓大力大勇的因素。

毋庸讳言，知识分子都以"为天地立心，为生民立命，为往圣继绝学，为万世开大平"为己任，并以这种使命而自豪，但是，除了借助政权的力量来实现这一切外，似乎没有找到别的办法。杨炯、李翱等人自不为当朝所用，所以牢骚满腹，反过来说，即使用他们，在当时国事不振的情况下是否有能力处理政事以振国威还真是个疑问。除了在朝为官，他们缺少其他的专业知识，因此，只认为振兴的力量在自己手里而完全忽略了其他人的力量。自己品德高尚的隐当然是要以别人品德不那么高尚的显为前提和映衬吧。

（高靖生）

如果蚂蚁会跳街舞

出个智力题：你是否曾想象过蚂蚁也做有氧运动？是否想象过蚂蚁也跳街舞？有两个备选答案。

1.不可想象：蚂蚁没有腰，做什么有氧运动啊？（选择此答案的人传统观念很强。）

2.没有想过：平时快忙死了，哪有时间想这些事啊？（选择此答案的人为了生存而生活。）

3.多么有创意，这完全有可能。（选择此答案的人想象力非常丰富。）

那么，让我们来个换位思考。蚂蚁国里正在举行智力竞赛，也许会有这样一道题："蚁民们，听说地球人会跳舞，还会打冰球踢足球，这是真的吗？一分钟之前他们还爱得要死要活，一分钟之后却又会反目成仇，这是真的吗？"

当然，蚂蚁和人类在大小上不成比例，差别很大。我们用手指轻轻一捏，对蚂蚁来说可能就是灭顶之灾；洒上一杯水对蚂蚁来说无异于洪水暴发，对着蚂蚁打个喷嚏就是台风突袭。蚂蚁与人类大小有别，生活也有差别吗？答案无人知晓。

现实主义者只相信自己的眼睛，他们的人生僵硬，缺乏色彩。

在看电影《阿凡达》时，我听到一个孩子对妈妈说："我也想去纳美族人生活的地方。"妈妈却顶头一瓢冷水浇灭了孩子的想象："别瞎想了，世界上哪有那样的地方，那全是假的。"

坐公交车回家时，一个正在吃巧克力的孩子问妈妈："如果把巧克力种在地里会怎样呢？"妈妈就像一个冷面判官一样，把孩子的疑问判了死刑："你整天乱七八糟地想些什么呀？这点像谁呀？咻！"

如果我是孩子的妈妈，听到这样的问题我会高兴得跳起来："哇！你的想法太奇妙了！把巧克力种在地里当然会长出一棵巧克力树了，树上结满了巧克力，就连小鸟都会飞来吃巧克力，据说吃了巧克力会产生超能量，鸟儿就会在空中高高翱翔。你的想法真有趣。"

想象是一种自由。想象会创造奇迹。有了想象，我们的心就会慢慢膨胀，成为红橙黄绿青蓝紫的"七色彩虹树"。彩虹树就是想象的沃土。如果想让人生更加丰富多彩，就在心中种植一棵彩虹树吧！

在美国曾发生过这样一件事。有一家人在乘坐一艘船游玩时遭遇风浪，船被打得千疮百孔。妻子和儿子劳累过度，困得睁不开眼睛。在这样的环境下，睡着就意味着再也醒不过来了。爸爸于是问儿子："如果回到家的话，你最想干什么？"儿子眼睛一亮："爸爸，我太饿了，我想吃汉堡。""好的，回去之后我把所有的朋友聚集在一起，给你开个汉堡派对。"他又问妻子："亲爱的，你最想干什么？""我想在床上甜美地睡上一觉。""好，我要给你买一个柔软舒适的新床。"妻子也反问他："你呢，你想干什么？""我想美美地喝上一顿啤酒。""那我给你买100箱啤酒。"妻子仿佛受到了感染，心情也愉悦起来。

就这样，他们一家人一边想象一边互相鼓励，终于等来了救援。这就是想象的奇迹。如果他们心中没有想象的彩虹树，结果会怎样呢？

俄罗斯人权运动家索尔仁尼琴被长时间关押之后获释。出狱后他对记者说的第一句话就是："是想象力救了我。"非暴力主义者甘地也留下一句精彩的名言："生活简朴，思想高深。"

（崔润熙　陈龙江）

你必须有个性

我在北美一家物流储运公司做技术支持，对几百台电脑和网络进行故障维修和检测，天天要和各色人种打交道，当然出过不少不太愉快的事情。

有一天，一个白人直接打电话找到我，说他电脑数据找不到了，让我去看看，由于他话语恳切，甚至带着哭腔，我觉得面子过不去，就去了他的写字间，我在他电脑旁刚刚坐稳，才敲了几个命令，他突然大喊大叫起来："哎呀，你怎么删除我的东西？你到底做了什么？"这时我突然意识到，他这会不会是自己搞出乱子，要找替罪羊啊？不管怎样，如果他闹到我顶头上司那里，老板一旦发现我没有单，违反工作流程，我的日子就难过了。我一看旁边没有其他人，就站起身对他说："等我几分钟，我马上回来。"然后赶紧离开，溜之大吉。后来他又打电话过来，我就开始打官腔了，直到他把单开了，我确信无误了，才继续开始，这次我就谨慎小心了，任何操作，我都多留个心眼，尽可能留下证据，以免将来他又赖到我身上。

从此事我得出"结论"：有些洋人做事是没有良心和面子可讲

的，只要对自己有利就行，不管做了多坏的事，到时一祈祷，就全搞定了，所以对他们，一定要公事公办，决不能心慈手软。

有一天早晨，一个叫泰瑞的女人给我打电话，说她开了申请单，她们部门需要在服务器上设置网络设备。我就去见她，是一个50开外的白人老婆子，她看见我后，眼神变得轻蔑，举止言语极为傲慢。当时我也没太在意，就开始工作，没想到她站在我身边，竟然阴阳怪气地说："这个东西不好干，你懂吗？有经验吗？"我就跟她说："不要担心。我是专业人员。"但她听了以后，把嘴一撇，轻蔑地一笑，继续一个劲地张牙舞爪，指挥我应该这样干，不应该那样干，其实都是胡说八道。看她那趾高气扬充满了优越感的样子，我真想给她两下子。但公司有政策，不能和顾客发生争吵，所以我还是忍住了，对她说："我会按照正确程序做的。"她根本不理会。我被影响得已经无法也无心干下去了。我对她说要拿个东西，然后走掉了。

一连几天，都没再理这个单。终于有一天，他们部门经理打电话找我，很婉转地希望能尽快解决这个技术问题。我找到部门经理，正和他说话的时候，泰瑞怒气冲冲地走了过来，质问我："为什么不来解决问题？"我一下怒从心头起，心想：得给这个老婆娘厉害尝尝，否则她就没完没了。

我当时转过脸去，用蔑视的眼光狠狠瞪了她一眼，什么话也没说，然后慢慢转过头，继续和经理交谈，就像她是真空一样，泰瑞显然措手不及，尴尬地站在那里，不知道怎么办好。经理毕竟是一个非常精明的人，看出了名堂，对泰瑞说："你先回去，我一会儿找你。"泰瑞这时的态度由刚才的高傲一下子就像霜打的茄子——蔫了，怏怏地走了。经理问我："你需要我们帮你什么吗？"我说："没有，谢谢。但我希望在我工作的时候不要有人打搅我。"经理说："好的。"

过了一会儿，泰瑞打电话来主动向我道歉，尽管能听出有些勉强。从此后，她每次见了我，都非常客气，再也不敢小看我了。

时间久了，我体会到，尊严是一个很个性化的东西，当有人用种族歧视来对你的时候，你要用个性化的方式给他一个教训，如果这样有个性的人越来越多，种族也就获得了尊严。

（许永海）

年轻人怎样自荐

在激烈的竞争中，尤其是在社会越来越讲究真才实学、愈来愈起用自信自强的能人的今天，年轻人适时地、恰到好处地表现自我，才干张扬、个性凸显地"毛遂自荐"，将会使自己步向成功的阶梯。那么，年轻人应怎样"毛遂自荐"呢？

捕捉机遇自荐年轻人在生活和工作中有很多可以推销和表现自己的机遇，倘若你在领导面前能够恰到好处地抓住这一机遇，适时地推销和表现自己，就会得到领导的赏识和器重。其实，在激烈的竞争中，直接地向领导言明自己勇于挑重任的自信心，直露地表明自己能够胜任某某职务，这只不过是"毛遂自荐"中的一种比较平常又显拙劣的方法。而适时地、恰到好处地抓住表现自己的机遇，则是一种比较高明的"毛遂自荐"。

某通信电缆公司因为有关部门信息有误，造成了大批电缆的过剩滞销，公司销售部成员为此很着急，公司总经理更是急得寝食不安。在这节骨眼儿上，公关部小王向总经理"毛遂自荐"，说给他4个人，出去闯闯试试。总经理答应了他的要求。不到两个月，大批积压电缆被小王推销了出去，使公司免遭上千万元的经济损失。事成之后，小王得到了领导的赏识，很快便被任命为销售部经理。

间接迂回自荐有时，"毛遂自荐"不一定要自己直接出面，而委托朋友或信得过的同事侧面推荐，却能收到事半功倍的效果。不过，由旁人间接迂回推荐你，要具备下列几个条件：一是朋友或同事确实是你信得过的贴心人；二是你应把自荐的目标、要求告诉推荐者，并让推荐者切实了解你的知识和才干，以便推荐你时作具体的介绍；三是你委托的推荐者所说的内容确实能够博得决策者的信服和接受，也就是说，你委托的推荐者跟决策者是有一定信赖关系的人。

档案局的小张毕业于某财经学院，对财务审计业务非常精通，他一直期盼着能到审计部门去发挥自己的才干。然而，如果自己直接向有关部门提出要求，可能会因决策者的逆反心理而遭拒绝，因此，小张一直苦于无人推荐。一次，他发现自己的朋友小黄跟审计局领导关系不错，便托小黄帮助推荐。小黄详细了解了小张的情况后，便向审计局领导推荐了小张。小黄的推荐引起了审计局领导和有关组织、人事部门的重视，经过组织考察了解，小张终于如愿以偿。

托物言志自荐你是一块"金子"，要善于闪出自己的光芒，让世人发现你、认识你，这样，你这块"金子"才能够用到最适合于你的地方去。如果你一味地闷声不响，让"饺子"烂在茶壶里不倒出来，你就一辈子也得不到重用。而托物言志自荐，就是托出你才干和成果之"物"，让领导和群众认识你，进而"言"你获得成功或重用之"志"。这种适时地亮出自己才干和成果的底牌，引起领导和群众重视而获取成功或重用的"毛遂自荐"，是当今在激烈的社会竞争中运用比较普遍的方法之一。这一方法运用得恰当、适时，能够收到明显的效果。

某局在中层干部竞争上岗中，有三人竞选办公室主任这一职位。通过笔试、面试，三人可谓势均力敌、旗鼓相当，令评判组难决高下。在这关键时刻，小林把自己过去在多家报、刊上发表的文章给亮了出来，令评判组成员刮目相看。结果，小林获得了成功。

"毛遂自荐"，是年轻人在激烈的社会竞争中获取成功、体现自身价值的重要手段。然而，如果运用得不好，就会适得其反，所以，年轻人在"毛遂自荐"时，要注意把握下述几点：

一是张扬而不张狂。个性凸显、才干张扬，是"毛遂自荐"时势必体现的特征，但是，张扬才干时切勿夸夸其谈，更不可目空一切、自负张狂，否则将会引起决策者的反感。

二是才实而不才虚。既然是"毛遂自荐"，就必须拥有真才实学做铺垫，而不可在才识上开出"空头支票"，因为，"毛遂自荐"的最终结果，必然是"有为才有位"。这就要求年轻人平时要抓紧学习，增长才干，强化知识积累，这样，不但自荐能够成功，而且上任后亦可胜任。

三是自信而不自恃。自信是"毛遂自荐"时必备的心理素质和才能学识的外化，但是，表现自信，也得恰如其分、实事求是，切勿超越自身才干学识的实际水平却偏又恃才傲物，失却了一个自信者应有的阳刚英才之美。只有既充满自信而又谦虚的自荐者，方能旗开得胜、马到成功。

（卢仁江）

吃过臭冬瓜

　　要论山珍海味，那咱不行，但要说对臭的认识，我敢说，比一般人深刻。因为我吃过臭冬瓜。

　　在南方，到宁波一人家做客，宁波人有钱且好客，一桌子都是北方不常见的新鲜物，可是无味，因为没有白酒，只是啤酒、可乐之类。无菜也罢，有菜无酒，我是东北人，哪受得了这个。吃着无味的菜，眼睛四下搜寻。说了丢人，我在找酒。别说，还真让我找着了。橱中一个坛子，古拙而凝重，颈上还系着红绸，经验在说：这定是陈年佳酿的住所。

　　犹豫再三，终于出口，"唔，真漂亮，那坛子，那酒坛。""不，不是酒坛，是一种菜，叫臭冬瓜。你敢吃不？"有趣，既说是可吃之菜，又谈敢吃不敢吃。"敢。"我说。反正不是正规厂家的耗子药，开开眼也好。

　　主人捧来坛子，说："怕你吃不消的。"一边解去红绸，一边郑重地讲开了臭冬瓜。

　　臭冬瓜是宁波的特产，乡间世传的手艺，算是咸菜。当年因包玉刚先生喜食这家乡一味，一时，在香港逐臭成风，一船一船地从宁波装船运走。因为外运，因为手艺失真，即使是在宁波，臭得好的臭冬瓜也不易得到了。

盖子掀开，里厢排着黄中泛绿腌得透明的瓜条，主人夹出一条，闭目细品，少顷，筷子一拍，"好！"我好奇，抢上去将一条投入口中。哇呀呀，没转得过身就吐了出来。满嘴的怪臭，那味道，我不敢作比，怕你吃不下饭时，骂我这人缺德。反正，这时臭豆腐绝对是香的。

又是漱口，又是嚼菜，就是臭不离口。主人说，只有再吃，才能不臭。大家左劝右说，我下定决心，眼睛一闭，直接扔喉咙里。落肚之后，果然觉得臭得轻一些。又吃了一块，觉得有些好味了。接着吃上几块，渐渐觉得，有道不得的清香。于是胃口大开，心清气爽，菜菜有味。至今，还记得那种惬意。

臭冬瓜，臭冬瓜，真有不可言传之妙，刚吃过时极臭，吃到后来又感觉极好。世上有许多事情不也是这样吗？以交友为例，有的朋友，初一交往，觉得面目可憎，心怀难测，可接触多了，又觉得可亲可敬。以工作为例，有的工作，刚一干，觉得艰难无比，不堪承受，可深入进去，又觉得兴味无穷，乐在其中。

我并非在赞美一切臭，但从臭冬瓜，到臭人、臭事，我倒主张对臭应深入了解和认识，看臭人、臭事的深处是否也有像臭瓜一样的清香。

（张港）

如何建立不可撼动的自信

假设有两个具有相同技能的人申请同一份工作，你会选择那个缺乏自信的人吗？当然不会。很简单，积极的自我感觉能改变人生。哈佛商学院教授、畅销书《自信：成功与失败性格的来龙去脉》的作者罗莎贝斯·莫斯·坎特博士对自信的定义让我们看到它的本质："自信是对积极结果的期待。"坎特说："事实上，信心让你愿意更努力地付出，并吸引他人的支持，使'赢'成为可能。"

如果你像大多数人一样，也能通过激励快速提升自信，希望下面这些方法能令你在今后的工作、生活中更加有所作为。

一、脚趾和肩膀的测试

早在20世纪60年代，哈佛大学研究员罗伯特·罗森塔尔曾做过这样的研究，如何能使人们成功，答案是仅仅把他们标示为成功就可以做到这一点。一群学生通过抽签被随机分成两组，一组被标示为"有潜力的学生"，而另一组是"没有潜力的学生"。结果，那些被标示为有潜力的学生迅速成长，有更出色的表现。

在日常生活中，信心体现在身体语言、举止风度和环境等方面。波士顿凯尔特队的总经理克里斯·华莱士使用"脚趾和肩膀的测试"来判断篮球运动员是否更有可能获胜，运动员是脚趾紧扣地面还是踮起脚尖、肩膀是松弛下垂还是高高耸起——所有这些都表明他们是否真的完全专注于比赛。

坎特经常建议公司主管们，在生意失败后，提升员工士气的第一件事情是：重新粉刷工作场所。这是另一个标示你成功的途径。"环境激发人们达到高标准，"她说，"不要以为你做一个漂亮发型和穿一套时髦服装是无关紧要的小事，你做这些不是炫耀给他人的，而是为成功建立信心。"

二、让大脑接通积极的声音

跟自己讲加油打气的话，把积极的声音保存在你的脑海中，这很重要。坎特说："我发现，运动员在比赛前会自言自语，让大脑接通积极的声音。"

"如果我感觉将要进入消极的状态，"坎特说，"我会努力不让坏情绪表现出来，我会微笑，会比平时更卖力工作，积极地行动。"

也许让自己保持自信最重要的方法永远都是：练习、练习、再练习。尽管坎特已经是一位有多年经验的王牌咨询顾问，但她仍然承认自己"总是为演讲作非常充分的准备"。她建议其他人也应当如此。她最近去印度为公司主管作咨询。"为了准时到达，我提前两天离开，"她说，"那两天，我所做的事情几乎全都是练习。在飞机上，乘务员和我讲话我都没听见。"

三、不带汤匙起飞

避开消耗你的能量和降低你的自信的人，像爱抱怨爱批评的悲观主义者，要绕开他们，与那些能看到你的最佳状态并时常提醒你达到好状态的人在一起。特别是在工作中，你要远离批评，把不抱怨变成自己的原则。

自信的人有责任感，能果断行动让事情朝着良好的方向发展。"我很喜欢一个来自大陆航空公司的故事，"坎特说，"大陆航空公司的老板希望每位员工帮助他达到确保飞机准时起飞的目标。一天，一位乘务员发现，因为餐饮部没有提供汤匙，所以飞机延时了。她把这当成了自己的事情，她说：'好吧，我们无论如何得起飞了，我会向乘客做出解释。'这里，她展现出的敢于负责任的自信，因为她知道周围的人是会支持她。"

四、失败后不放弃

在失败后我们要尽快回到"赛场"上，重新建立自信。"不要抱怨或者护理你的伤口。"

需要提醒的是，失败的恐慌会产生一些小过失，让你失去理智。

"如果你遭遇了惨重失败，那就要给你自己足够的调整时间，"坎特强调，"不要否认伤痛或想立即解决问题，而要转向周围的朋友寻求支持。不要一个人干坐着思索，你可以打电话给朋友询问是否可以一起去散步或者吃饭。"

五、不吝啬你的赞扬

坎特为公司主管作咨询时，她强调认可和赞扬的重要性："老板有两面：大事业和人情味，他通过认可和赞赏员工，会在公司的成功与员工的自信上做出奇迹。"

认可本身不需要大举措，但确实需要诚恳。汤姆·麦克劳在执教休斯敦太空人队时，他许诺奖励持球突破成功的队员100美元。"比赛结束后，年薪百万美元的球员就追着我要那100美元奖励。"他说。关键不在钱本身，而是钱是对球员贡献的认可。美国大陆航空公司也以同样的方法取得成功。有一年，公司决定，如果他们取得准时到达排名的前四名，就奖励每位员工65美元。结果不说自明，航空公司的业绩从第七位升至首位。

"找到别人身上的优点，告诉他们你对他们的感觉。"分享别人的成绩会令你愉悦。甚至在婚姻中也是如此。"我丈夫总是很快乐，尤其是早上。我告诉他，当我感觉不开心时，看到他醒来时的笑脸对我是多么重要。这是一件小事，却让我们的关系33年来一直保持稳固与亲密。"

六、记住坎特的法则：每件事在中途看起来都像失败

成功往往是坚持的结果，当你的目标看起来不能达到时不要放弃。"如果你的态度是做某事会令它改变，这就是信心，"她说，"思考一下你所处的位置并把它当成中点。故事还没结束呢——很多体育迷都了解这一点。"

2002年12月29日，基科·维纳特瑞帮助新英格兰爱国者队以27比24击败迈阿密海豚队，在终场前最后一秒，基科在42码外射门得分，而那时许多观众已经从座位上站起来准备退场了。一个球迷就此事评论说："直到基科射门，比赛才算真正结束。"

当然，有时自信也需要现实来调节。如果你过分相信自己，就会轻率不谨慎，以致做出愚蠢的事情。所以你要明智地运用自信，迈出你成功人生的第一步。

（莎莉·寇丝罗　班超）